山本太郎とN国党

SNSが変える民主主義

真鍋厚

光文社新書

はじめに

令和以前と令和以後の世界

平成からの改元後、令和初の国政選挙となった二〇一九年参議院選挙。

「れいわ新選組」と「ＮＨＫから国民を守る党」（以下、Ｎ国党）の躍進は、日本で初めて民主主義とインターネットが融合した政治勢力が誕生した新時代の幕開けでした。しかも、これは恐らく一過性のものではありません。わたしたちにとってリアルではなくなってしまっていた政治と生活の関係性を、ダイレクトに結び付ける「接着剤」としての新しい運動のひな型を提供してしまったからです。つまり、パンドラの箱は開けられたのです。

国政レベルでは何の実績もない二つの新興勢力がいきなり政党要件を満たしてしまった事

実は、明らかに従来とは異なる国民の投票行動が国政選挙に決定的な影響を与えたことを意味しています。にもかかわらず、選挙結果が出た直後から、とんちんかんな分析が後を絶ちませんでした。例えば、れいわ新選組を「日本新党」をはじめとする過去の新党ブームと比較する言説。N国党を「スマイル党」などのいわゆる泡沫候補《ほうまつこうほ》の文脈で論じる言説……。

このため、筆者は以前からお付き合いのあった「東洋経済オンライン」と「現代ビジネス」に相次いで記事を寄稿しました。主なもののタイトルと配信時期だけを並べると、以下のようになります。

〈れいわ新選組の底力を、ポピュリズム批判だけでは見誤る「真の理由」〉
（二〇一九年七月二八日、現代ビジネス）

〈N国党躍進を茶化す人が見落とす「庶民の鬱屈」〉
（二〇一九年八月三日、東洋経済オンライン）

〈れいわとN国党に通じる不安な個人への訴求力〉

（二〇一九年八月一四日、東洋経済オンライン）

〈N国党が次は「文春砲」「マツコ・デラックス」を狙った恐るべき理由〉

（二〇一九年八月二五日、現代ビジネス）

筆者がこれまでフォローしてきた分野は、過激派組織「イスラーム国」に代表されるテロリズムであったり、ヘイトスピーチや国粋主義の復活などの不寛容の風潮であったり、不謹慎狩りをはじめとする「ネット炎上」であったりと、先進国を中心に広がる個人化の進展とコミュニティの衰退を背景にした社会問題全般でした。

いわゆる国会中継などに代表される永田町の動向には、大手メディアの報道などで軽く目を通す以上の興味を持ってはおらず、ましてや選挙分析の記事など一度も書いたことはなかったのです。しかし、あまりにも的外れな論評が多いことに反発を覚え、自分から編集者に提案して一連の記事を発表するに至ったのです。これはかつて経験したことのない局面でした。

これらの記事が配信された直後からＰＶ数は跳ね上がり、配信サイト内のランキングが一位にまで上昇したりしました（Ｙａｈｏｏ！ニュースなどの外部配信でも上位にランクインする例が目立ちました）。Ｔｗｉｔｔｅｒなどのソーシャルメディアでも拡散され、想像以上に大きな反響を得ました。特にれいわ新選組について取り上げた「現代ビジネス」の記事は、「ポピュリズム」というキーワードで代表の山本太郎やれいわ新選組を危険視する声について、むしろ身の危険を感じているのは支持者や支援者たちの方だと述べた点が思いのほか評価されました。つまり、「れいわ現象」の背景には、**「生産性」**という尺度で人生の価値が暴力的に決定され、いつ社会から不要と宣告されてポイ捨てされるかもしれないといった、安定した生活が崩壊することへの人々の恐怖や不安があったのです。

考えてみれば平成の三〇年間、この国ではグローバル化の進展に伴う経済的格差が拡大するとともに、いわゆる「職場」を社会的な承認の支柱とする人生モデルが足元から崩れ落ちていきました。さらにそれらの変化と並行して、家族や地域社会、同業組合などのソーシャル・キャピタル（社会関係資本）がひたすら弱体化し、「社会的孤立」状態の人々が増大し続けました。つまり、中間層の解体を推し進めた格差社会の深刻化と、コミュニティの空洞化を意味する社会的孤立の全面化のダブルショックが、れいわ新選組とＮ国党の票田に直結しているのです。このことを皮膚感覚としてどれだけ実感できるかどうかが、これからの日本の未来を占ううえで欠くことのできない状況認識といえます。しかし、残念ながらマスメディアや政治家を含め、この国の権力者と称される人々は、いまだ事の重大性を真正面から受け止められずにいます。このような現状把握に対する決定的なズレこそが**「社会の分断」**を加速させているのです。

本書では、令和以前と令和以後を画する大きなイベントの一つとして、れいわ新選組とN国党の台頭を中心に、日本におけるインターネットと政治活動の地殻変動を探るだけでなく、今や強力な兵器と化しつつあるソーシャルメディア独特の力学と、その情報技術と融合しながら世界各地で活性化している**「再部族化」**がもたらす新たな闘争について、できるだけ本質的な議論を展開させていきたいと考えています。そこで、重要な視点となるのは、もはや傍観者でいるのは不可能になるということと、傍観者でいることは一つの意思表明、政治的な立場にならざるをえないということです。これは当然ながら筆者も例外ではありません。わたしたちの一挙手一投足が「絶望の未来図」と「希望の未来図」を描く絵筆として、目の前の風景を絶えず何色かに彩ろうとするのです。しかも、この闘争に終わりはありません。

また、今回の問題設定に関しては、筆者がロスト・ジェネレーション（就職氷河期世代とも呼ばれる。バブル崩壊後の就職難がひどかった時期に社会人になった世代）であることを言い添えておかねばならないでしょう。友人や知人の多くが、非正規雇用に追いやられ、上京後や帰郷後に連絡が途絶えたりして社会の表舞台から消えていきました。引きこもりになってしまったり、精神を病んでしまったりした人も少なくありません。筆者は、いずれこのバブル崩壊のツケを押し付けられた世代の怨嗟《えんさ》が、どこかのタイミングで時限爆弾のように噴出するだろうと踏んでいました。

　しかも、今や老若男女を問わず「勝ち組」「負け組」というカテゴリー分けが横行する過酷な生存競争が社会のあちこちで発生するようになりました。日本の相対的貧困率は、日米欧主要七か国（G7）のうち、米国に次いで二番目に高い状況にあります。約六人に一人は「相対的貧困」なのです。最悪の場合、国家を構成するメンバーの六分の一が時限爆弾と化す可能性があるというわけなのです。これは単に犯罪予備軍になるということではありません。次世代のことを見据えて社会を良くしようという動機付けが失われ、「社会がどうなろうと知ったこっちゃない」と考える人々が増えていくことを意味しています。一〇年後、二〇年後に振り返ってみれば、令和以後のこのような新党の出現は、最初の「警笛」だったのかもしれない――そのような総括が行われるに違いありません。要するに、筆者の「なぜこの参院選の結果の背後にある真の問題が分からないのか」という世の中に対する歯がゆさ、腹立たしさは、「なぜ社会がこれほどまでに壊れてしまっていることに気付いていないのか」という問いと同居していたのです。

本書において筆者は、あえて大げさな言い方をすれば、没落が運命付けられた国家の一員であることを強烈に意識しながら、わたしたちの政治行動のナビゲーションの可能性について、できるだけ先入観を排して多角的かつ平易に描きだしたつもりです。読者諸賢のご海容を請う次第です。

山本太郎とN国党　／　目次

章扉・図版作成／椚田祥仁

第一章

れいわ新選組はポピュリズムなのか

政治が綺麗事、つまりはビジョンを語らないで誰が語るんですか？　私たちが目指す世界はそういう世界なんです。力を貸していただきたい。大暴れしてやります。国会が一番面白い見世物だって言わしてやりますよ。テレビが放送しなきゃならないようなそういう見世物にして参ります。（二〇一九年七月五日に東京・新橋駅ＳＬ広場で開催されたれいわ新選組街頭演説会における山本太郎の発言）

警戒されるれいわ新選組

れいわ新選組は、参院選の前後からその人気ぶりに警戒感を示す言説が続出していました。曰《いわ》く「ファシズムの兆候である」、曰く「危険な極左政党である」……有識者から一般人までこのような危惧をあらわにする人々は少なくなかったのです。なかでも説得力があったのは、**「ポピュリズム」**とか**「ポピュリスト」**といったもっともらしいレッテル貼りでした。

ポピュリズムは、人民主義と訳されたり、大衆迎合主義と訳されたりしている政治学の用語ですが、一般的に分かりやすい出来事を例に挙げると、二〇〇一年～二〇〇六年の「小泉旋風」でしょう。当時の自由民主党総裁の小泉純一郎は、郵政民営化に反対する議員などを抵抗勢力と呼んで、バブル崩壊後の鬱屈《うっくつ》をもてあましていた庶民を味方に付ける手法で選挙に圧勝しました。つまり、カリスマ的な人物の人気を最大限に利用して、それまで政治に無関心だった無党派層などを扇動し、一種の独裁政治のような体制を作ってしまうイメージです。これがポピュリズムという現象について、わたしたちが最も馴染んでいる理解ではないでしょうか。しかし、ポピュリズムという言葉は、このような現象について大枠で名前を付けたものに過ぎず、特定の政治思想などとはまったく関係がないことに注意が必要です。近年では二〇一七年の、東京都知事の小池百合子が率いる「都民ファーストの会」の都議選での電撃的な大勝利、立憲民主党立ち上げ時に湧いた「枝野フィーバー」による衆院選での野党第一党への躍進は、まだ記憶に新しい日本におけるポピュリズムの典型例です。結論を言ってしまえば、ポピュリズムは良くも悪くも選挙に勝つための政治手法の一つであって、今やどのような政党もチャンスとその気さえあればポピュリズムに乗っかることができるのです。もちろん、カリスマ的な人物が存在することが大前提となりますが……。

そのような意味で、れいわ新選組の参議院選挙における議席獲得と、その中心で広告塔の役割を果たし続けた山本太郎は、まさにポピュリズムという現象を作り出しているポピュリストの一人といえるでしょう。実際、山本は、「生活苦」という状況を変える気概で旗揚げしたこと、人々を救うということをポピュリズムというなら、「私はポピュリストです」などと様々な媒体で話しています。「枝野フィーバー」ほどの大きな波は起こりませんでしたが、設立からわずか三カ月半ほどで参院選に挑み、二二八万票（得票率は四・六％）を集め、比例区で二議席を獲得しました。得票率が二％を上回ったことで政党要件を満たし、いわゆる諸派から国政政党になったのです。

とはいえ、現状は野党の中でも弱小政党に過ぎません。そんな政党になぜ「ファシズムの兆候」「危険な極左政党」といった懸念が噴出したのでしょうか。ここには山本が採用した日本政治史上稀に見る政治戦略が大きく関係しています。

それは、インターネットを情報発信の武器として最大限利用し、不満を抱えている庶民に「生きているだけで価値がある」と呼びかけ、既得権益にしがみ付く政府や財界人を舌鋒《ぜっぽう》鋭く追及する――このような山本の言論スタイルです。

具体的には、小泉政権から始まった新自由主義路線の経済政策、大企業を優遇し続けてきた安倍政権と経団連を槍玉に挙げ、消費税の廃止や奨学金徳政令《しょうがくきんとくせいれい》などを打ち出し、その財源については新規国債の発行と富裕層への課税強化で賄《まかな》うという姿勢です。つまり、このような方針が熱狂的支持を集める「れいわ旋風」に持つ者（富裕層）と持たざる者（貧困層）の戦い（古い言い方をすれば、支配階級と被支配階級との階級闘争）を見出し、暴力革命による支配階級の打倒といった「左翼のリバイバル」のように受け止める人が多かったのです。社会的弱者を扇動して取れるところから金を取る強行策を企んでいるといったところでしょうか。そんな体制破壊的な意図を感じ取って距離を置いた人も少なくなかったのです。

たしかに、これは従来の「小泉旋風」や「枝野フィーバー」といったポピュリズムの様子とは明らかに異なっています。政治学者の水島治郎《みずしまじろう》は、ポピュリズムには二つの定義があると述べています（水島治郎『ポピュリズムとは何か』中公新書）。一つ目は「固定的な支持基盤

図1-1　ポピュリズムの二つの定義

を超え、幅広く国民に直接訴える政治スタイル」で、二つ目は『人民』の立場から既成政治やエリートを批判する政治運動」です。これを便宜的に**図1―1**のようにそれぞれ**定義1**と**定義2**と呼ぶことにします。「小泉旋風」は、**定義1**に見事に当てはまっています。しかし、**定義2**の要素は乏しいように思われます。逆に「れいわ旋風」の場合は、**定義2**を教科書的に実行しているように映ります。恐らく二〇〇〇年代以降の日本の政治において、**定義1**よりも**定義2**のポピュリズムが急速に先鋭化してきたことが、れいわ新選組が脅威として認識される主な要因になっていると考えられます。

れいわ新選組の主要な政策

ここで改めてれいわ新選組の主要な政策メニューを見てみましょう（れいわ新選組公式サイト）。「政権とったらすぐやります／今、日本に必要な緊急政策」と銘打たれたものです。

・消費税の廃止
・中古物件などを活用し、初期費用のかからない、格安の公的住宅を拡充
・奨学金徳政令（五五五万人の借金を救済）

・最低賃金を全国一律一五〇〇円に引上げ（不足分は政府が補償）
・公務員を増やす（保育、介護、障害者介助、事故原発作業員など公務員化）
・一次産業戸別所得補償（食糧の安全保障）
・災害に備えて防災庁を創設
・水道、鉄道など公共性が高いものは国が投資を積極化
・デフレ脱却給付金（一人当たり月三万円。インフレ率二％到達時に終了）
・新規国債の発行で財政出動（インフレ率二％到達時に終了。その後、場合によっては法人税に累進性を導入する）
・日米地位協定の改定
・ＴＰＰ（環太平洋パートナーシップ）協定、ＰＦＩ法（民間資金等の活用による公共施設等の整備等の促進に関する法律）、水道法、カジノ法などの一括見直し・廃止
・原発即時禁止
・障がい者への「合理的配慮」を徹底

ざっと目を通しても、既存の政治体制を転覆するような、過激な文言はどこにも見当たり

ません。

不思議なくらい従来の枠組みの範囲で知恵が尽くされており、所与《しょよ》の条件下で何ができるのかに注力している様子がうかがえます。古典的な意味での革命にはまったく当てはまりません。それどころか、格差や貧困の解消を軸にした社会民主主義的な取組みといえますし、最終的な目標が社会主義国家の建設であるようには到底思えません。ここは非常に重要なポイントです。

山本太郎は、むしろ現行憲法の精神が蔑《ないがし》ろにされている現状に憤《いきどお》っているのです。とりわけ憲法第一三条（すべて国民は、個人として尊重される。生命、自由及び幸福追求に対する国民の権利については、公共の福祉に反しない限り、立法その他の国政の上で、最大の尊重を必要とする）の履行《りこう》にこだわっています。

死にたくなる社会から、生きてたくなる社会を皆んなで実現するために、この熱い熱が放出されてんですよね。実現しますよね。実現しましょうね。もう食いものにされるのは終わりだ。そのスタートがこれだ。見とけよ、永田町。この国に生きる人々をなめるなよ。食いものにするんじゃない。ひとりひとりを大切にする。ひとりひとり、その個人を尊重するということは、憲法にも書かれていること。憲法13条。個人として尊重される。個人として尊重されるはずが、国は、介護、保育、そこのお金はなかなか出さない。逆にいったら、一番、ケチってる。だから待機児童もいれば、そればかりでなく、待機老人までいる。じゃあ結局、呆けた親、どうすればいい。家で看るしかない。（れいわ新選組公式サイト、【動画&文字起こし全文】「新宿センキョ」19・7・20東京・新宿【山本太郎：前編】）

つまり、山本は、新自由主義的な経済政策を断行する政治によって、もともと存在している「日本国憲法に基づく民主的な諸制度」が著しく阻害されていると考えているのです。

これは**定義2**の『人民』の立場から既成政治やエリートを批判する政治運動」としてのポピュリズムにおける悪い面を周到に排除したアプローチです。悪い面とは、既存政治やエリートを打倒すべきシンボルに仕立て上げ、現行の民主的な社会や民主主義、自由と平等の原理に敬意を払わず、政権を奪取すればそれらに制限を加えることです。

政治学者のシャンタル・ムフは、ギリシャの「急進左派連合」（シリザ）やスペインの左派政党「ポデモス」などのポピュリズム政党について、排外主義や人種主義、反グローバリズムなどに走りがちなものと区別して、民意からずれてしまった政治体制を軌道修正する

「民主主義の回復」を目指すものであるとして歓迎しています（シャンタル・ムフ『左派ポピュリズムのために』山本圭・塩田潤訳、明石書店）。これは山本のようなポピュリズムのあり方と非常に近いと考えられます。

　ムフのいうポピュリズムは、共産主義革命のような既存秩序の転覆を志向するものではありません。「立憲主義的な自由――民主主義的枠組みの内部で、新しいヘゲモニー秩序を打ち立てることを求める」（『左派ポピュリズムのために』）と述べているように、あくまで立憲主義に基づく自由と民主主義を尊重するルールの下で、多様性やマイノリティを包括する新しい政治勢力を作り出そうとするものです。日本に置き換えれば、安倍政権と経団連が唱道する新自由主義的な経済政策がとことんまで推し進められた結果、民意＝主権者の生の声が政治に反映されているとは言い難い現状に対し、もう一度「人民による支配」という民主制の根本に「原点回帰」しようと試みる運動といえるでしょう。そこでは、行き過ぎた不平等の是正や差別の解消などの実現など、様々な境遇にいる国民がそれぞれに民主的な要求を掲げて、既存の秩序と社会正義のバランスを最適化する道程を探っていくことが示唆《しさ》されています。これは「民衆こそが正義でエリートは敵」とする、単なる「反エリート主義」とは似て非なるものです。

つまり、経済原理を優先して失業や貧困への手当が十分でなかったり、同じ国民なのに教育機会に大きな差があったり、実質的に職業選択の自由がない人々が何百万人もいたりと、ムフの言葉を借りれば、多かれ少なかれ「自由と平等の原理」の実効性が失われた状態にあるわけです。「近代の民主的社会の問題とは、『すべての人々の自由と平等』という構成的な諸原理が、実行に移されていないということだった」という認識を出発点にしているのです。言うまでもなく、これは山本＝れいわ新選組が取っているスタンスそのものなのです。

感情を動員する対話

国民のうちの少なくない人々が、今の国会議員たちの働きを見て、その多くが国民の真の代弁者たりえているだろうかと疑問を持っています。「自由と平等の原理」の実効性が不完全であればあるほど、そのような政治不信はどんどん拡大してしまいます。そうであるがゆえに「国民の真の代弁者」の待望と、「すべての人々の自由と平等」の実現への期待はより強いものとなるでしょう。そのような意味において、れいわ新選組から立候補して参議院議員に当選した難病の筋《きん》萎《い》縮《しゅく》性《せい》側《そく》索《さく》硬《こう》化《か》症《しょう》（ALS）患者の舩《ふな》後《ご》靖彦《やすひこ》が、「障害者、重い病気の人たちが国会議員になれないとなれば、代議制による民主主義は成立しません」と話していることはとても象徴的です（「介助は社会全体で負担を」ＡＬＳのれいわ・舩後氏にインタビュー、西日本新聞）。このような見立てができるというところに、れいわ新選組が「ただのポピュリズムに過ぎない」といった批判を、やすやすと乗り越えられる可能性の一例があるといえるのではないでしょうか。

　前出の水島は、**定義2**のポピュリズムの特徴として、**①自らが「人民」を直接代表すると主張して正当化し、広く支持の獲得を試みる、②「人民」重視の裏返しとしてのエリート批判、③「カリスマ的リーダー」の存在、④イデオロギーにおける「薄さ」**の４つを挙げています（水島治郎『ポピュリズムとは何か』中公新書）。

　これまでの山本の立ち振る舞いと、れいわ新選組の主要な政策メニューを見れば、これらの特徴をすべて満たしていることがよく分かります。なかでも山本が最も重視しているのが、①におけるエモーショナル（感情的・情緒的）な結びつきの創出です。喜怒哀楽の共有を全面に打ち出した街頭演説により、社会的に孤立し生活に不安を抱えた人々の内面に入り込むとともに、山本のキャラクターを介した新しい連帯を形作る種をまいているのです。これは手の込んだ**「感情の動員」**といえます。

　一方で、この過度に聴衆の感情に訴えかける側面は、ヒトラーの大衆扇動になぞらえられたりして、一部識者などから批判の的になっています。しかし、「小泉旋風」から「枝野フィーバー」に至るまで、程度の違いはあれ「感情の動員」は繰り返し行われていたわけです。なぜ山本やれいわ新選組だけ特別視されるのでしょうか。それはその街頭演説の具体的な中身を読み解くことで明瞭になります。

「生産性」で人の価値をはかるなんて、あまりにもえぐい世の中ですね。だから、皆んなが生きることを諦めたくなる。それを変えたい。それを変えるために政治があるんじゃないの？　それを変えるために選挙があるんじゃないのかってことなんですよ。ひとりひとりが持ってる力を、あまりにも過小評価してませんか？　私なんて。私なんて何ですか？　あなたがいなきゃ始まりませんよ。あなたがいなきゃ、世の中なんて変えられないんだってことですよ。力貸してください。（れいわ新選組公式サイト、【動画＆文字起こし全文】「れいわ祭」19・7・12東京・品川駅港南口【山本太郎】）

街頭演説では「あなた」という呼称が頻繁に出てきます。「皆さん」ではなく「あなた」。これは有権者の人々に「個」としての当事者性を意識してもらうとともに、一人ひとりの聴衆に一対一で向き合う姿勢を示すことを意図したものだと思われます。「あなたの生活の苦しさを、あなたのせいにされてませんか？」と問いかけ、それらがすべて政治の決定によってもたらされた災難だと言い、そして「あなたは、いてるだけで、価値がある」と励ます。

　このような距離感の取り方は、山本自身によって考え抜かれた末に、生み出された最良のスタイルなのでしょう。自らの主張をできるだけ平易に説いて回ることと、それらに耳を傾ける聴衆の感情に強く訴えることがセットになっているのです。いわば「政策」と「情動」が一体的に伝播していくことが、この新しい運動の核となる思想であるかのように。

> 「自分は生きてていいのかって？　生きててくれよ！　死にたくなるような世の中止めたいんですよ」（れいわ新選組公式チャンネル、兵庫・神戸三宮マルイ前 れいわ新選組代表 山本太郎 街頭演説 19・5・2、山本太郎 住まいは権利！ @yamamototaro0、ツイキャス）

　これは二〇一九年五月二日に兵庫県の神戸三宮マルイ前で開催された街頭演説での一幕です。長時間にわたる演説の後半のくだり、主権者である国民が自信を奪われている現状に触れ、先の台詞を叫んだ山本は感極まって涙を浮かべたのです。このような感情の発露は、山本にとっては〝平常運転〟といえるものです。笑いあり、涙あり、怒りありといった「メッセージの感情化」「街頭演説の劇場化」が、耳目《じもく》を集めるためには不可欠な手法なのです。国民の政治離れが叫ばれる状況下における、短期的に関心を惹き付けるための苦肉の策といえます。それが**エモーショナルな結び付きの創出＝「感情の動員」**による「自由と平等の原理」の再確認であったのです。

後述するように、この「感情の動員」が上辺だけのものにとどまらず、扇動者も支持者も本気で立ち上がっているように映るからこそ、何か大変な出来事が起こりつつあるかのように受け止められます。街頭演説の一般的なイメージといえば、欠伸《あくび》が出るような退屈さでしょうが、その理由は、口当たりの良いスローガンの連呼に典型的な予定調和にあります。何か重大な事件の目撃者になっているような迫真性からはほど遠いものですが、他方で山本は政治不信の奥底にあるドロドロした感情を呼び起こし、その感情を共有することを通じて、自身の演説が一つの事件であるかのように人々の心に印象を残すよう腐心しています。実際このスタイルに外野にいる人も魅力を感じ、少なからず心を動かされているからこそ、これがネット上で話題になるまでさほど時間はかからなかったのです。

この政策と情動が合わさった**「感動ポピュリズム」**とでも評すべき政治運動の核心にある

のは、聴衆との直接対話です。

街頭演説では、あらかじめ質問者を選んでおくなどということはせず、ぶっつけ本番でその場にいる人々の生の声に応じるのが通例です。いきなり投げ付けられる批判や抗議、要領を得ない話などに直面するリスクもありますが、そこで試されているのは山本の「度量」「キャパシティ」「人間性」なのです。普通の政治家であれば、恥をかかされたくないので、このような場面は全力で排除するでしょう。しかし、山本はあえて恥をさらけ出すことを選びました。理由は簡単です。皆本音を聞きたい、真の姿を見たいと望んでいるからです。直接対話によって、聴衆の多くは、ノーカットで山本の人となりを知ることができます。もちろん、それが山本という人間のすべてではありませんが、「情動のリアリティ」は主張の信《しん》憑性《ぴょうせい》を担保するのです。そして、山本の〝本気〟を目撃した聴衆は、その〝本気〟が政治を変える原動力となり得ることを信じ始めるのです。これは俳優として積み重ねてきたキャリアの中で体得されたメソッドが、政治活動に出会うことによって化学反応を起こして〝発明〟されたものなのでしょう。このスタイルは参院選後の二〇一九年九月からスタートした全国キャラバン以降さらに磨きがかかっています。

例えば、静岡県での街頭演説では、山本は酔っぱらいの男性が話し掛けてきたためにマイクを渡します。彼は「安倍政権は変わるんか、変えてくれるんけ。今この瞬間に」などとまくし立てました。山本はすかさず「すいません、わたし魔法使いじゃないんですよ」と応じ、「私が変えたい。先頭に立ちたい。そのためにここに来ている。そのわたしに権利を付与できるのはあなたなんですよ」と話しかけますが、男性は「いや、それクズだね」などといった冷笑的な態度に終始します。一五分ほどの会話にならない会話の末、男性が退場すると、山本は「ま、すいません。ちょっとチャレンジしてみました」と頬を緩ませます。「お酒が過ぎてる人とはやり取りは無理だということが分かりました」と……。

全国各地で街頭演説を行う度に、このようなリスクを何食わぬ顔で引き受ける山本は、パフォーマーとして非常に優秀であるだけではなく、ネット上でどのように扱われていくかについてもよく理解していました。ネットにおいては、直接対話において絶えずフェアであろうとする山本の姿勢が、最も効果的に伝わるだけでなく、とても高く評価されているのです。

SNS活用と政治のエンタメ化

次に、「感動ポピュリズム」の仕組みと切っても切り離せないのがソーシャルメディアにおけるコミュニケーションです。れいわ新選組は当初からソーシャルメディアの使い方に秀でていました。

山本がれいわ新選組や自らのＴｗｉｔｔｅｒアカウントなどで、街頭演説の様子を随時ＹｏｕＴｕｂｅや、「ツイキャス」（ＴｗｉｔＣａｓｔｉｎｇのこと。モイ株式会社が運営するライブ配信サービス）で流し、その場に足を運んだ人々とともにリアルタイムで閲覧できるようにしていました。街頭演説と直接対話という草の根活動は、ソーシャルメディアなどを通じて膨大な数の人々に同時に共有されることで、ネットでの草の根活動としても恐るべき訴求力を発揮することになったのです。新聞記者の牧内昇平《まきうちしょうへい》が取材したれいわ新選組の支持者の多くが、ネット上で見た山本の街頭演説に心を打たれたことがきっかけになったと証言していることがそれを裏付けています（牧内昇平『「れいわ現象」の正体』ポプラ新書）。

ソーシャルメディアへの異例の波及効果は、「感情の動員」がネット上においても可能なことを示していました。Ｔｗｉｔｔｅｒアカウントのプロフィールなどにれいわ新選組の支持者、ボランティアなどを自称する者が爆発的に増え、実際にポスター貼りや発送作業などを通じて交流が生まれるだけでなく、かつてのオフ会のような感覚でつながりを深めるようになっていきました。日本において、ソーシャルメディアの個人アカウントの自己紹介やユーザーネーム、ツイートなどで特定の政党の支援者であることを表明することは稀です。しかし、れいわ新選組の場合は当てはまりませんでした。有名人などを中心に山本を応援することを公言する者が次々と現れるようになったのです。

また、政治のエンターテインメント化を大きな柱にしました。「政治を面白く」というキャッチフレーズを掲げているだけでなく、街頭演説やインタビューなどで有権者の関心を引くための仕掛け作りを意識していることを「ネタばらし」しています。あえて行う政治の**「エンタメ化」**です。山本は、炎上要素を盛り込んだ宣伝戦略が、費用対効果から言っても、最も効率的に党勢を伸ばす方法であることを心得ていました。

沖縄県出身で創価学会員の野原善正《のはらよしまさ》（現在は離党）を擁立し、誰もが矛盾を感じている「公明党」とその支持母体である「創価学会」のズレを、参院選という大舞台で公明党代表・山口那津男との「ガチンコ勝負」として具現化する——これはほとんどプロレス的発想です。野原との街頭演説では、山本が得意になってプロレスのリングアナウンサー役に徹して立ち振る舞っているほどです。

政治改革するための手っ取り早い方法は、公明党を潰すことです。言葉は悪いんですけど、本当潰さないといけない。これ私が勝手に言っていることじゃないんです。池田（大作）先生がそう言われてるんですよ。公明党の前身である公明政治連盟を池田先生が立ち上げたときに、こう言われました。将来公明党が政権になびいて立党の精神である平和福祉を忘れた場合には、そして国民をいじめるようになったときには、そのときは遠慮なく潰していいよって言われたんです。（れいわ新選組公式チャンネル、れいわ新選組「れいわ祭」品川駅港南口、れいわ新選組）

野原のこの演説は、創価学会員によるラディカルな学会批判でした。

いわば「公明党版ポピュリズム」です。「現在の公明党のトップは、公明党の立党の精神を忘れている。立党の精神に基づく政治を取り戻すには、一人ひとりの学会員が立ち上がらなければならない」ということなのです。野原は、日蓮仏法は師弟の仏法であり、師匠の思いをどれだけ弟子として自分の思いとして行動できるか、この一点にかかっていることを強調したうえで、「池田先生の指導に従えば、今の公明党は潰すしかありません」と締めくくります。この発言は瞬《またた》く間にソーシャルメディア上に拡散され、話題を呼びました。

いみじくもＮ国党代表の立花孝志が言ったように、「真面目なことを不真面目」にやらないと誰も注目しないのです。ＮＨＫの政見放送で、Ｎ国党の候補者たちがＮＨＫ内部の不祥事を次々と暴露しながら、「NHKをぶっ壊す」と連呼するシュールな光景は全国のお茶の間に衝撃を与えました。それに比べれば、れいわ新選組はお行儀が良い方かもしれません。

また、エンタメ化に関する重要な出来事として、「れいわ祭」と銘打ったイベントが外せません。それは、「感情の動員」をいわば祝祭的な空間として演出する試みでした。ソーシャルメディアなどネットを通じて集まった人々が、野外フェスのような興奮と熱気を作り出し、ネットという離れ小島のような空間においても、現場のテンションを同時に共有する。選挙と祭りという水と油のごとく相反するイメージの両者を融合させることに見事成功したのです。

二〇一九年七月一二日に東京・品川駅港南口で開催された「れいわ祭」では、和太鼓・津軽三味線・尺八ユニット「斬月〜Zangetsu〜」の演奏から始まり、ミュージシャンのSUGIZO、作家の島田雅彦、脳科学者の茂木健一郎が応援演説を行いました。参院選の立候補者全員が映画監督の岩井俊二からプレゼントされたという新撰組風の薄紫の羽織を着込み、通りすがりの人々を含む聴衆らに思い思いのスタイルでアジテートする姿は、従来の街頭演説の硬直したある種の〝暗さ〟を打ち破るムードを作り出したと言ってよいでしょう。

社会の個人化が進んだ末の政治手法

これらの怒涛《どとう》のラインナップは、決して行き当たりばったりや、でたらめに実行されたものではありません。わたしたちを取り巻く社会環境の変化に政治活動を適合させるために生み出された必然的な手法なのです。これは山本が実際にそのように意図していたかどうかとはまったく関係がありません。社会環境の変化への適応は、自然環境の変化への適応と同じく無意識に行われる場合が多いからです。

わたしたちは現在、かつてないほど「徹底的に個人化された人生」を歩んでいます。家族や地域社会といったソーシャル・キャピタル（社会関係資本）が失われる過程において、特定の集団の中であらかじめ決められていた定型的なライフコースからわたしたちは解放されました。例えば、家業の跡継ぎや二代目・三代目といったプレッシャーです。その一方で、定型的なライフコースに後戻りすることも著しく困難になりました。昭和的なコミュニティであれば、人付き合いなど世渡りに難がある人でも、就職のあっせんから結婚相手の紹介までを周囲に期待することができましたが、このようなネットワークが急速に姿を消していったのです。

これは様々な慣習にわずらわされない「かけがえのない個人」の誕生を促すとともに、ライフプランの全責任を引き受けなければならない「不安な個人」の出現をも招きました。つまり、多様な商品やサービスに恵まれた消費者的な側面が大半を占める「かけがえのない個人」の実態とは、情緒的なつながりや社会的な承認を自発的に形成しなければならない存在であり、持ち前の能力や、親のコネクション・資産状況などスタートラインに大きな違いがあるにもかかわらず、進学や就職、結婚など人生の重要な局面で「自己責任」を強いられてしまう存在でもあります。その結果、時代状況に上手く適合することができずに、一度の失敗で社会から脱落してしまう「個人化弱者」であふれ返ることになりました。個人化弱者は、労働市場と新自由主義的な政策の影響をもろに受けてしまいます。

　さらに、わたしたちは二〇一〇年代以降、スマートフォンが生活に密着した端末と化し、「過剰接続の時代」へとモードが移行しました。過剰接続の時代とは、一言で言えば、万物がフラットなコンテンツとして消費され、政治さえも**「コンテンツ」**の一つに過ぎなくなるということです。わたしたちが朝目を覚まして、仕事や遊びなどに取り掛かり、再び眠りに就くまでに、ニュースアプリで世の中の出来事をチェックし、オンラインゲームに興じ、Ｉｎｓｔａｇｒａｍのストーリーズをタップしｎ、ＹｏｕＴｕｂｅで人気急上昇中の動画を調べ、Ａｍａｚｏｎプライム・ビデオやネットフリックスで映画やドラマを視聴し、電子書籍・コミックを読み、ショッピングサイトなどを回遊しています。コミュニケーションの面では、ＬＩＮＥなどの通信アプリなどに加えて、ＦａｃｅｂｏｏｋやＴｗｉｔｔｅｒなどのソーシャルメディアの閲覧や投稿が日常化しており、それぞれのメッセージ機能などでのやり取りが頻繁に交わされています。とある調査によれば、日本人の一日当たりのスマートフォンの平均利用時間は三時間五分です（若年層の月間の動画視聴時間は一年間で約二時間増加～ニールセン スマートフォンの利用状況を発表～、ニールセン デジタル株式会社）。総務省の「社会生活基本調査」（平成二八年）で、「通学や通勤をのぞいた移動」「テレビ・ラジオ・新聞・雑誌」「休養・くつろぎ」「趣味・娯楽」「スポーツ」「交際・付き合い」などの時間である「3次活動」は、一日当たり平均六時間二二分でした。これがおおよその可処分時間に相当します。そのうちの半分がスマホの画面に奪われていることになるのです。もちろん、利用時間には通勤や食事中のものも含まれるため、一概に単純化することはできませんが、かなり高い割合を占めていることが分かるでしょう。

　みなさんも無意識にスマホの画面を眺め、無意識にいずれかのアプリを立ち上げ、スクロールさせてしまっていることはないでしょうか。あるいは、アプリのアイコンに表示された通知をチェックするだけのつもりが、そのまま他の投稿やメッセージなどを何十分も見てしまってはいないでしょうか。わたしたちは知らず知らずのうちに、デバイスと距離を取ることが難しくなっているのです。物理的にではなく「心理的に」です。二〇一〇年以前にはまだあり得たオンラインとオフラインの分離が不可能になりつつある。これが「過剰接続の時代」です。「ありとあらゆる情報が洪水のように押し寄せ、それらすべてが一元化されたコンテンツとして立ち現れる社会」と言えます。

そこでは内容の〝真贋〟や〝善悪〟に関係なく、コンテンツとして価値があるか否かが問われます。ここにおける価値とは「目新しさ」「面白さ」です。ネットの動画や画像、テキスト、それらをまとめあげる表現、パフォーマンス等々が、個々の重要性などは脇に置かれ、見る価値があるのか、参加する価値があるのかという好奇心によって瞬時に判断されていくのです。「可処分時間の奪い合い」とはよく言ったもので、これが政治の舞台においても同様の条件を課せられているのです。つまり、新興政党が国政選挙で新たに票を掘り起こすためには、膨大な消費コンテンツとの競争に勝たなければならないのです。スマホの画面の中では、ソーシャルメディアのタイムライン上では、政治家の街頭演説よりも、大型犬と子猫が仲良くじゃれ合っている動画の方が多くの人を惹き付けます。政治に無関心な層に関心をもたせようとすれば、「エンタメ要素」は必須とならざるを得ないのです。馬鹿馬鹿しいと思う向きもあるかもしれませんが、事実として面白くなければスルーされるのです。これが**「感動ポピュリズム」**の出現を促すおおまかな時代背景です。

山本はこのことを皮膚感覚で熟知しているのです。

障がい者を国会に送り込むことの意味

れいわ新選組の参院選での戦い方で最も画期的であったのは、やはり重度障がい者を「特定枠」で擁立したことに尽きると思います。

先に述べた「感動ポピュリズム」を推進するうえで、これほどセンセーショナルな起爆剤はないからです。しかも、これはソーシャルメディアをはじめとするネットへの波及効果を考えれば、破格の話題性を持ち込む最終兵器でもありました。なぜか。日本の政治史上、このような試みは前代未聞だからです。

「比例特定枠」の二人は、難病のＡＬＳ患者として介護サービス事業を展開する株式会社アースの副社長を務め、「全身まひギタリスト」としても活動する舩後靖彦、脳性まひを伴う重度身体障がい者で全都在宅障害者の保障を考える会代表などを務める木村英子《きむらえいこ》。順に一位、二位という位置付けで、山本は自らを三位に据えました。

山本はこのアイデアをかなり前から温めていたことを、様々なメディアの取材に答える形で明らかにしています。「何より、ドラマティックで面白い、と考えた」と語っているのがとても印象的でした（山本太郎『#あなたを幸せにしたいんだ　山本太郎とれいわ新選組』集英社）。以前からこの二人とは出馬に向けた交渉をしており、本人から確約も取ってはいたが、タイミングが来るまではかん口令を敷いていたのです。まさに策士です。

一見効果的な話題作りだけを念頭に置いたように思えるこのアイデアは、れいわ新選組が掲げる決意（綱領）を世の中に問ううえで最高の布陣でもありました。

日本を守る、とは
あなたを守ることから始まる。

あなたを守るとは、あなたが明日の生活を心配せず、
人間の尊厳を失わず、
胸を張って人生を歩めるよう全力を尽くす政治の上に成り立つ。

あなたに降りかかる不条理に対して、
全力でその最前に立つ。
生きているだけで価値がある社会を、
何度でもやり直せる社会を構築するために。

20年のデフレで困窮する人々、
ロスジェネを含む人々の生活を根底から底上げ。
中卒、高卒、非正規や無職、障害や難病を抱えていても、
将来に不安を抱えることなく暮らせる社会を実現する。

私たちがお仕えするのは、
この国に生きる全ての人々。

それが、
私たち「れいわ新選組」の使命である。

（れいわ新選組公式サイト「決意」）

つまり、ここに記された決意を、国政選挙を通じ訴えることによって、投票というリアクションを人々に期待する「社会実験」でもあったわけです。

言い換えると、れいわ新選組に一票を投じるか否かは、「難病患者を国会議員として送り込むことに賛成か反対か」というイシューについて、自らの態度を決めることと同義になったのです。そのため、有権者に明確な参加意識が生じやすくなりました。これは選挙の形式を借りたいわば「既存の社会に対する挑戦状」であり、有権者たちもそのエキサイティングな社会実験に乗ったのです。

このような「あなたを守る」「人間の尊厳」といった自尊感情（self-esteem）を確保することに重点を置く姿勢は、ある意味で「シングル・イシュー・ポリティックス」に近いものといえるでしょう。

シングル・イシュー・ポリティックスとは、一つの争点のみについて賛否を問う政治運動のことを指します。例えば反戦や人種差別撤廃、あるいは小泉純一郎が郵政選挙で用いた手法です。後述するＮ国党も同様です。（ＮＨＫに受信料を支払った人だけが番組を視聴できる）「ＮＨＫのスクランブル化」の賛否だけを訴えているからです。

れいわ新選組の場合は、「消費税ゼロ」がシングル・イシューに当たるとも考えられますが、むしろサプライズとして「特定枠」に障がい者の二人を指定したことによって、「中卒、高卒、非正規や無職、障害や難病を抱えていても、将来に不安を抱えることなく暮らせる社会」に対する賛否を、実質的に一つの争点として機能させることに成功したと言えます。それは山本の「自分は生きてていいのかって？　生きててくれよ！」という叫びが候補者として具現化されたと言っても良いでしょう。前出の牧内が述べているように、「政治家に『生きててくれよ！』と語りかけてもらう必要があるほど、生きづらい人びとがたくさんいるという現実」（『「れいわ現象」の正体』）があるからであり、自尊感情を高めるための肯定的なメッセージと、それを政治的主張として世に問う姿勢が混然一体となったシングル・イシューだったのです。

選挙戦の最中から「障害者の政治利用だ」「寝たきりの障害者に国会議員が務まるのか」等々の非難を浴びていましたが、その真価は、舩後靖彦、木村英子の両名が参議院議員に当選した後にこそ明らかになったのです。両者とも障害者総合支援法に基づく「重度訪問介護」を受けている身で、国会初登院を前に、この二人の通勤や議員活動中の介助費用の負担先が問題になったからです。この重度訪問介護は、重度の身体障がいまたは知的・精神障がいを持つ、常に介護や見守りが必要な人が、食事、排泄《はいせつ》、入浴、移動時の付き添いなど、二四時間体制で介助者（ヘルパー）のサービスが受けられる仕組みで、本人の費用負担は一割（九割は公費）となっています。しかし、通勤や就労など「経済活動に係る外出」は対象外のため、当面参院が費用を負担することになったのです。

その決定をめぐって批判の声が殺到しました。

「税金の無駄遣い」やら「特別扱い」やら、ほとんどが障がい者の社会参加を阻む不条理な制度を理解しようとせず、出費や制度改正にばかり目を奪われた末のこれまでにない噴き上がりでした。ニュースサイトのコメント欄では、そのような低俗な議論に共感が集まり、「自己負担すべき」との〝特権叩き〟的な論調が主流となっていきました。

日本維新の会代表で大阪市長の松井一郎は、問題となっている介助費用について「どなたにも適用できるよう制度全体を変えるならいいが、国会議員だからといって特別扱いするのは違う」と発言。自己負担で賄《まかな》うべきだとの考えを示し、「国会議員は高額所得でスタッフも付く。政治家は個人事業主だから、事業主の責任で（費用支出に）対応すべきだ」とまで主張しました（維新代表、介助費「自己負担で」　初当選のれいわ議員に、共同通信）。まさに、こういった障がい者の就労状況への無理解を助長する原因にもなっている政治家たちの言動が白日の下にさらされたわけです。山本が当初から想定していたシナリオ通りに、障がい者をオミットし続けてきた社会の化けの皮が剥《は》がれたと言っても過言ではありません。まったく新しいタイプの政治運動の萌芽《ほうが》が出現したのです。

しかも、このセンセーショナルな起爆剤にはポピュリズムの暴走を抑止する安全装置としての重要な働きがあるのです。二〇〇六年に国連で採択された「障害者の権利に関する条約」（日本は二〇一四年に批准《ひじゅん》）というものを尊重している以上、原理的に現行の民主的な社会や民主主義、自由と平等の原理との整合性を考えないわけにはいかないからです。

山本は重度障がい者を国会に送り込んだことについて、持ち前のユニークさで誰よりも的確に言語化しています。

「ある意味、国会の中にミサイル打ち込んだのと一緒ですよ、これ。はっきり言ってね」（れいわ新選組公式チャンネル、山本太郎（れいわ新選組代表）街頭記者会見　大分市　二〇一九年一〇月二八日、れいわ新選組）

「無縁者」の集まり

山本は、BS-TBSの報道番組『報道1930』に出演した際、キャスターの松原耕二から、かつての日本新党を「意識することはあるか」と聞かれ、「そもそも（日本新党の存在を）知らなかった」と応じました。そして、「何かの話に落とし込みたい。それで皆安心したい部分はあると思うが、これ（れいわ新選組）はまったく新しい形だと思う」と自己批評してみせました。

日本新党は、一九九二年五月に元参議院議員で元熊本県知事の細川護熙が結成した政党で、五五年体制（自由民主党が与党第一党、日本社会党が野党第一党とする体制）を崩壊させる「新党ブーム」の火付け役になりました。発足からわずか二カ月後の九二年七月の参院選では比例区で七％以上も獲得し、公認候補者一七人中細川と小池百合子など四人が当選。九三年七月の衆院選で三五人が当選。九三年八月には、細川連立政権が誕生し、細川は首相に就任します。結党から一年三カ月という急進ぶりでした。しかし、これは当時のテレビをはじめとするマスメディアが取り上げることで、一気に知名度を高めることができた最後の例といえる面があることに注意が必要です。現在といえば、原則として政党要件を満たしていない政党に対する選挙前の報道機会はほぼ皆無です。山本が自らを「放送禁止物体」と自嘲してみせたのはその不文律が念頭にあったからです。しかも、これらの新党ブームは**定義1**のポピュリズムであり、**定義2**のポピュリズムの要素が非常に薄いのです。

そもそもれいわ新選組の躍進は、ネットの草の根運動なしには語れません。れいわ支持者同士のコミュニケーションだけでなく、各人がそれぞれの場所で支持層を拡げる活動を行っています。それは「浮動票」という一時的な態度表明のようなものではなく、一人ひとりがアクティビスト（社会活動家）になって動くものです。家族や友人にれいわ新選組の良さを説いて、支持者を増やしていく伝道活動に近いかもしれません。しかも、それは繰り返しになりますが、民主主義を自分たちのコントロール下に取り戻し、実効性の高いシステムを担保するために参加する、ムフのいう民意からずれてしまった政治体制を軌道修正する「民主主義の回復」を理想とするものです。日本新党に代表されるかつての新党ブームとはまったく内実が異なっているのです。

山本はすでにれいわ新選組の公式サイトで「自分の思想のエッセンス」を明快に記述しています。

「れいわ新選組」は、大きな組織や企業に頼らず、ボランティアの皆さまと政権交代を目指します。

（れいわ新選組公式サイト、ボランティア募集）

山本が街頭演説で何度も何度もしつこく語っていることの一つが「世の中を変えるためにはあなたの力が必要だ」ということです。

政治とは選挙のことであると考え、選挙が終われば政治のことは忘れてしまう。あるいは、政治とは政治家と官僚の仕事と考え、自分たちは外野を決め込んで文句だけを言う。つまり、すべてを政党や政治家などに丸投げする態度。これを彼は荒療治によって改めさせようとしているのです。政党が大きな組織や企業に頼れば、当然その声を政策に反映せざるを得なくなります。だからこそ、ほぼ半数を占める選挙を棄権する人々にアプローチし、無党派層の掘り起こしに集中することで政治の流れを変えようとしているのです。

しかし、山本個人の力では当然限界があります。そこでボランティアの出番となるわけです。ただしボランティア登録は、有志を募ること以上の意味合いはなく、いわゆる「党員」の立場になることでもありません。中央集権的な体制を敷いている党にありがちな下部組織や地方組織に所属し、指揮命令を受けて動き回ることを期待しているわけではなく、そもそもメンバーシップ制のような性質のものではありません。そうではなく、むしろ個人による主体的な関わりこそ望んでいるのです。

わたしたちはすでに「消費者」としてどっぷり染まっており、自分のことを商品やサービスを享受する存在としてしか意識できなくなっています。それ以外では、逆に商品やサービスを生産・提供する「労働者」としての意識であり、主な社会との接点は「仕事」「職場」のみとなってしまっています。消費者にしても労働者にしても、ビジネスにおける関係性のバリエーションに過ぎず、しかも、それは自分にお金や能力といった取引材料になる価値があることが大前提なのです。一人の人間として、社会の担い手として、誰かに承認され、評価される機会はほとんどありません。

言い換えると、前出のすべてを政党や政治家などに丸投げするような態度の理由は、「市民マインド」ではなく、こうした**「消費者マインド」**で政治に向き合っているからです。一回の投票によってそれ相応のリターンが得られなければならないという安直な思考は、アマゾンで注文したら明日には商品が届くといったサービスに慣れてしまった消費者としてのライフスタイルに促されたものであり、それがわたしたちの貧弱な自尊感情をもたらす決定的な要因にもなっています。消費者も労働者も生産性という尺度に縛られた存在で、論理的な帰結として生産性がゼロになれば不要になってしまいます。消費者でもない労働者でもない「一人の人間として」、承認と連帯を切実に求めざるを得なくなっているのです。このような潜在的なニーズの表れが「れいわ旋風」といえるでしょう。

れいわ新選組の可能性

経済学者で、東京大学東洋文化研究所教授の安冨《やすとみ》歩《あゆみ》は、山本の求めに応じてれいわ新選組の公認候補者となった経緯などを踏まえて、「れいわ旋風」の深層にあるのは、「フーテンの寅さん」や「釣りバカ日誌」に象徴される**「無縁者《むえんもの》」**の引力だと看破しました。

> 山本太郎氏は、その演説でいつも「生きづらさ」に触れ、「誰でも生きていればそれでいいんだ」と言い続けてきた。この現代の閉塞感を打ち破るには、無縁の原理が必要なのだ。そして、「れいわ新選組」は、この無縁の原理を体現しており、山本太郎氏や私を含めた候補者は、無縁者の集まりであった。私は、これが、れいわ新選組の躍進の基本的な原動力であった、と考えている。（内側から見た「れいわ新選組」、やすとみ歩 Ayumi Yasutomi、二〇一九年七月二四日）

安富は「私は、人間が自由である、ということは、『縁結び』と『縁切り』を自分の感覚に従ってできる。ということではないかと考えている。良縁が生じたと感じたときには躊躇なく縁を結び、縁が呪縛に転じたと感じたときには躊躇なく縁切りをすることができるなら、その人は自由である」と述べています（安富歩『経済学の船出　創発の海へ』ＮＴＴ出版）。つまり、政治参加によって生きづらさを解消する「政治縁」ともいえる「無縁者の集まり」だからこそ時代を転換する台風の目となっているのです。

たとえば山本が全国キャラバンで街頭演説とともに行っている「おしゃべり会」は、良い見方をすれば「無縁者の集まり」に「市民マインド」を吹き込む場とみなすことができます。

山本とその地域の人々がざっくばらんに意見を交わし、当事者性に気付くことによって主体性を取り戻す場というわけです。今までソーシャルメディア上、ＹｏｕＴｕｂｅなどでしか接触がなかった山本と直接コミュニケーションが取れるだけでなく、同じ地域に住む支持者とも初めて顔を合わせる場にもなっています。高齢者から高校生までが自分の人生の窮《きゅう》状《じょう》や、現在の日本の社会や政治システムに対する不満や憤りを告白する中で、それまで互いに「無名」でしかなかった人々が名前のある人物として具体的に認識されるのです。それは同時に自分が自由になれる場であり、新しい自分と出会える可能性を意味しています。その意味でまさに「良縁」としての「無縁者の集まり」が各地で立ち上がりつつあるわけです。これはソーシャル・キャピタル（社会関係資本）が失われていく現代において興味深い現象と言わねばなりません。

ある街頭演説で「じゃあ、あなた、何してくれるんすか」と他人任せで投げやりなことを言う酔客に、「あなたが変わらなくて、世の中どうやって変わんだよ！」と直球で返す山本の呼び掛けには、あなたたちはいつまで「消費者マインド」で生きる気か、いつ「市民マインド」になるのかという挑発が含意《がんい》されているとみて間違いないでしょう。あえて理想化して言えば、「無縁のエネルギー」を消費者的で早急な体制破壊を要求する野蛮で無責任な選挙民ではなく、立憲主義と障害者権利条約の貫徹を目指してともに歩んでいく「新しい市民」への架け橋にしようとする挑戦なのです。

もちろん、れいわ新選組はまだ産声《うぶごえ》を上げたばかりであり、そのポテンシャルは未知数で、組織的にも政策的にも多くの課題があります。しかし、このような政治勢力が与党をはじめとした既存政党に、適度な脅威と刺激を与え続けることができるのであれば、全体的な政治状況に好影響をもたらすイノベーターとして頭角を現すかもしれません。

つまり、これはポピュリズムという運動を踏み台にしつつ、その運動によって鍛えられた最良の部分を残そうとするポピュリズムによるポピュリズムの乗り越えなのです。

第二章 「既得権益をぶっ壊す」N国党の正体

さて、今回ＮＨＫから国民を守る党から立候補している約四〇名の候補者や、ＮＨＫから国民を守る党に所属している二七名の現職政治家は、そのほとんどがエリートではありません。代表の私を筆頭に、大学を卒業していない者が大半で、中には前科者もおります。いわゆる庶民の集まりです。（二〇一九年七月一〇日にＮＨＫで放送されたＮＨＫから国民を守る党の参議院比例代表選出議員選挙の政見放送における同党代表の立花孝志の発言）

「不倫、路上、カーセックス」

ＮＨＫから国民を守る党（Ｎ国党）は、二〇一九年夏の参院選によって世間に広く知られるようになった政党です。比例代表の得票数が九八万票にも上り、得票率が二％に達したことで政党要件を満たしました。そして比例順位一位だった代表の立花孝志が見事当選を果たし、一議席を獲得しました。れいわ新選組の得票数である二二八万票（得票率は四・六％）に比べれば見劣りはしますが、「泡沫候補」扱いであった無名政党が百万票近い民意に押し上げられて、国政政党に格上げになった事実は重いと言わねばなりません。

低迷する投票率（四八・八％）の中で、これだけの票数を集めることができたのは、後述する地方における無党派層へのアピールが響いたこともありますが、日本の政治史上に残る異例ずくめの政見放送の賜物といえる面が非常に大きいでしょう。

巷では、「不倫ですよ。路上ですよ。カーセックスですよ」の連呼ばかりが話題になることが多かったのですが、この政見放送にはＮ国党の政治的な立場が最も明確に主張されているだけでなく、一種の**「ハイブリッド戦争」**への狼煙《のろし》であることを宣言した前例のない試みであると強調しておかなければなりません。のちほど詳細に説明していきますが、ハイブリッド戦争とは、情報戦などを交えた政治闘争の手法を指しています。まず、以下に政見放送の注目すべき部分とその簡単な注釈を付していきたいと思います。政見放送の全体の尺数は、一五分三〇秒ほどです（ＮＨＫをぶっ壊す！【政見放送】ＮＨＫから国民を守る党【立花　孝志他３名】全国比例区／二〇一九年七月一〇日、立花孝志）。

冒頭において立花は簡単な自己紹介をします。そして、「今から、まあまあ面白い政見放送をしますので、皆さん録画をしてＹｏｕＴｕｂｅにアップロードしてください。この放送に著作権はないので、どんどんＹｏｕＴｕｂｅにアップロードして拡散してください」という前口上を視聴者に伝えるのです。これは「ＮＨＫを批判するためにＮＨＫの政見放送をジャックしたので、その娯楽性の高い映像をインターネットに上げてできるだけ多くの人の目に付くよう協力を求める」ものであり、すでにインターネットというソーシャルメディアを含む情報空間において、自分たちの存在を最大限知らしめ、そこから動員を図ろうとする意図を堂々と述べたわけです。

次に立花は、ＮＨＫアナウンサー同士の「不倫、路上、カーセックス」の話題を持ち出し、ＮＨＫの隠蔽《いんぺい》体質を批判した後、自身がＮＨＫの受信料を支払っていないことを告白。ＮＨＫの受信料を不払いにする方法を開陳《かいちん》し、Ｎ国党が制作・配布している「ＮＨＫ撃退シール」と同党が運営する「ＮＨＫ受信料不払い専用コールセンター」を紹介。それから、突然自分を俯瞰《ふかん》する視点に立ち、「ＮＨＫの受信料不払い、受信料を踏み倒す方法をね、このスタジオで大きな声で言える。そしてこれが、全国のＮＨＫ、全国のテレビで流れて、それがさらにＹｏｕＴｕｂｅで流れて何度も何度も再生される。楽しいな」とほくそ笑む余裕を見せ付けるのです。ここでも立花は再度インターネットへの波及効果を前提に、「ＮＨＫの電波を利用したＮＨＫに対する攻撃」を強調します。

そのうえで、ＮＨＫがインターネットからも受信料を取ろうとしていることへと話をつなげるのです。

> もうね、むちゃくちゃなんですよ。これね、悪いのは国会議員です。いわゆる既成政党に所属している国会議員が、ＮＨＫのこのようなむちゃくちゃな要求を、そのままうのみにしてるというか、それをそのまま受けて、国会でＮＨＫの言うことをそのまま承認してるっていう状態です。だから皆さん、選挙に行ってもらわなきゃいけないんです。

それから立花は、Ｎ国党から参院選に立候補している候補者や、同党に所属している現職の政治家について言及。そのほとんどがエリートではなく、大半が大学を卒業しておらず、

「いわゆる庶民の集まり」であることを特徴に挙げる一方で、「今の日本の政治家は、一流大学を卒業したエリートと呼ばれる人たちがほとんどです」と言い、「庶民」と「エリート」の対立軸を強く打ち出すのです。

> 頭のいいエリートが国会に集まって、やっていることといえば、消費税の増税とか、ＮＨＫの受信料を無理やり払わせる法律を作ったりとか、先ほど申し上げたとおり、スマホでも受信料を取ろうとしている。ろくなことしてません。誰がスマートフォンでＮＨＫの番組を見たがってるんですか。スマホで受信料を取る前に、国会議員は国民の声を直接聞いたらどうですか。ＮＨＫの受信料制度こそ国民投票をして決めるべきだと思います。

ここでは後述するように、「腐敗したエリート」への不信感が示され、国民による正しい判断を「直接民主主義」により実現する主張が明確になされています。

後半以降は、スクランブル放送に関する解説に入り、お金が支払えないためにＮＨＫの放送が見られなくなっても誰も困らない、現状を肯定する国会議員は「あまりにも時代遅れ」との評価を下し、「庶民の気持ちをあまりに理解できていません」と一蹴。自分たちの行動を「百姓一揆」に例えて、**「庶民の代表」**であることを強く訴えるのです。

> 今回の参議院選挙を「令和の百姓一揆」と銘打って、選挙戦を戦ってまいります。エリート国会議員がお代官様で、我々庶民が百姓です。「デフレで景気が悪いのに消費税を増税する」。「ワンセグ機能付きの携帯電話だと、普通のテレビ、同じ、同額の受信料だ」。「インターネットからも受信料を奪い取る」。「ホテルの客室は全室受信料を払え」。もういいかげんにしてくださいませ、お代官様。そんな理不尽なお金、我々庶民は払いたくないし、払えないんです。さあ、令和の時代に生きている庶民の皆さん。クワやカマをスマートフォンに持ち替えて、投票という百姓一揆を起こしましょう。私が令和の大塩平八郎となって、皆さんの先頭に立たせていただきます。

このくだりには、ポピュリズム政党の典型的な要素がぎっしりと詰まっています。

さらにこの後は、森友事件がうやむやになっていることについて取り上げ、政治家が真相を究明しないために財務省の職員が自殺をしたのだと批判。「心の病」へとテーマをずらし、立花本人が自身の経験を振り返って、ＮＨＫの不正経理を内部告発したために、上司や同僚からいじめに遭ったことを語ります。

> 私は子どものときに親や学校の先生に、悪いことをしたら注意しないといけないとか、悪いことをしたら謝らないといけないと教わりました。なぜ大人は悪いことをしても隠すのですか。正直に謝らないんですか。どうして正直に謝ろうとしている人が、心の病になって自殺しなければいけないんですか。

そして、立花は、「私は大学を卒業していない馬鹿な庶民ですが、エリートと言われる政治家や官僚よりも優れている部分があります」と言い、「それは、弱い者いじめをしない正義感であり、失敗を他人のせいにしない責任感であり、公のために尽くしたいという使命感です」とアピールするのです。

結語では三度、「ぜひこのＮＨＫをぶっ壊すというワードを、全国に広めていただきたいと思います」と念押しして締めくくっています。

「面白半分で投票」は間違い

立花は、二〇一九年七月九日にこの政見放送を自身のYouTubeチャンネルにアップロードしました。わずか二週間の間に、再生回数は三〇〇万回を超え、ソーシャルメディア上でも広範囲でシェアされ、これまでN国党の存在を認知していなかった無党派層にまで影響力を及ぼせるようになりました。この周到に練られた情報戦における電撃的な勝利は、固定的な地盤を持たない政党にとって当選への近道と同義でありました。テレビとインターネットの両方に最も効果的な手段によって、「NHKの是非を問う」シングル・イシュー・ポリティックスを、現状に怒りや不満を抱える人々に適切なメッセージとして届けることに成功したのです。

だが、そのような情報戦のダイナミズムとは裏腹に、立花が当選した直後から、N国党はある種の反動と思えるような論評に覆い尽くされました。識者のコメントで特に目立ったのは、「面白半分で投票した有権者が多かったのでは」「国民が馬鹿になった」「選挙民の劣化」などと、政見放送をバラエティ番組のように楽しんだ無責任な連中が、軽いノリで投票所に足を運んだという見方でした。また、立花やN国党に所属する政治家らは、選挙運動中にヤジを飛ばされたとして「私人逮捕」をしたり、離党した地方議員への脅迫まがいの行為を行ったり、党に対する批判記事を書いた者に訴訟を起こしたりしていました。このような事実を踏まえ、彼らと彼らを担ぎ上げている連中は普通ではない人々で、一種の「カルト」であることが正しく周知されていないとの主張もあったのです。

しかし、ここで少しばかり結論を先取りして言っておくと、最も重要なことは、立候補者が（事実として）どのような人物か否かは、持ち上げる有権者の主観にとっては（究極的には）どうでも良いといった代議制民主主義の本質的な問題点が露呈している側面にこそあります。これは第一章で述べた「小泉旋風」とまったく同じ構造です。それゆえ、投票行動に向かった人々を動機付けている社会背景に目を向けなければなりません。百万票近い民意を「面白半分」の一言で切り捨ててしまうことは、深層にある私的な感情やその背後にある社会課題を葬り去ることでしかないのです。

筆者には、個人的に思い当たる体験がありました。以下、東洋経済オンラインで配信した拙稿から引用します。

> 数年前、居酒屋でたまに会う中小企業経営者の五〇代の男性が、突然、ある紙片を目の前に投げてよこした。それは櫻井よしこ氏が『週刊新潮』で連載していた「日本ルネッサンス」と

> いうコラムのコピーだった。ＮＨＫの「金満体質」を猛烈に批判したもので、偏向報道を行い、受信料収入で巨額の有価証券を買い、職員が国民の平均給与の二・五倍を得ていることを口酸っぱく非難し、最後にスクランブル放送の必要性などを説くという内容だった。
>
> 　そのコピーはすでに何人かが回し読みしていたらしく、手垢や油のようなものが付いていた。赤ら顔の男性は「こんな状態を放置してるようじゃ、日本もおしまいだな。わしらみたいな庶民から金を巻き上げて」とつぶやいて、特に同意を求めることなく去っていった。しばらくしてから、人づてに男性がＮ国党を支持しており、居酒屋で党名が入ったＮＨＫ撃退シールを配っていたことを知った。この経営者の男性は、身なりも言動も至って常識人という感じで、店主などからも好かれていただけに、撃退シールの話とどうしても結び付かなかった。（Ｎ国党躍進を茶化す人が見落とす「庶民の鬱屈」面白半分で票が集まったと考えるのは大間違い／二〇一九年八月三日／東洋経済オンライン）

このようなおじさんは恐らくどこにでもいて、まったく珍しいものではないでしょう。週刊誌などで盛んに報道されるＮＨＫの不祥事とセットに、自身の財布から受信料を吸い上げて高給にあぐらをかく特権階級が想起され、怒りと不満の矛先となってきたことはしつこく指摘しておかなければなりません。これは、平成の時代において深刻度を増してきた中間層の崩壊に端を発したボディブローのような痛みを伴う不公平感が、過激な主張をする新興政党という強力な代弁者を得てマグマのように噴出したに過ぎません。

参院選のおよそ三カ月前の二〇一九年四月、東京・東池袋で車が暴走し、歩行者一〇人を次々とはね、母子二人が死亡する事件が発生しました。インターネット上では、加害者が逮捕されないことから、元高級官僚という経歴が理由ではないかとの憶測が飛び交い、ニュースに取り上げられるほどの炎上騒動に発展しました。また、そのような特権的な地位にある者を「上級国民」というスラングで揶揄《やゆ》しました。ここで顕在化したのは、「持つ者」と「持たざる者」の圧倒的不均衡への激しい憤りです。それがある種のデマをきっかけに大爆発を起こしたのです。前述のおじさんの嘆きを借りれば、なぜいつも「わしらみたいな庶民」が泣き寝入りしなければならないのかということになるでしょう。ここにこそＮ国党の躍進を解き明かすヒントとなり得る大衆心理の土壌があるのです。

それは自分たちの存在など歯牙《しが》にもかけない現状の政治体制に対する絶望や、自分たちの生活実感とかけ離れた優越的な地位を享受《きょうじゅ》する既得権益層に対する敵意と言っていいでしょう。ただし、それはＮＨＫという事業体そのものの改革の是非というよりは、ＮＨＫは分かりやすい〝的《まと》〟にされていると考えられます。ＮＨＫに象徴される巨大な既得権益への反発であり、自分たちのお金を強制的に吸い上げる一方で、自分たちの生き死にに対しては一切関心を示さないシステムに対する拒絶のサインなのです。つまり「もう自分たちは黙ってはいないぞ」「混乱の種を国会に送り込んでやる」という声なき声が含意されているといえます。事実、Ｎ国党に票を投じたある四〇代の男性は、「立花孝志のようなトリッキーな奴に国会をかき回してもらった方がいい。ＮＨＫだけでなく国会も一度ぶっ壊した方がすっきりする」と話しました。別の同世代の男性は、ＮＨＫの番組内容を評価し受信料も支払っているとしながらも、「ＮＨＫの正常化のために投票した。自浄能力のない組織は過激な政党が圧力をかけないと改まらない。今の政治家は腰抜けばかりなのでちょうどよい」と述べました。

「庶民の集まり」がエリートを糾弾する

朝日新聞社の出口調査（図2-1）によれば、比例区でＮ国党に投票したと答えた人の男女比は男性六八％、女性三二％と男性が圧倒的に多数でした。年代構成では、四〇代が二七％と最も多く、三〇～五〇代で全体の六割超を占めています。Ｎ国党に投票した人の支持政党は、二九%が自民、三三%が無党派層となっています（参院選でN国に投票、68%は男性比例区朝日出口調査、朝日新聞デジタル）。

これらのデータからも、ロスジェネと呼ばれる就職氷河期世代をはじめとする現役世代のうちでも時代から取り残されたことに自覚的な人々の積年のフラストレーションが、ＮＨＫという偏向と強欲《ごうよく》と腐敗のイメージが結晶化された伏魔殿に〃お灸《きゅう》を据える〃といった意図で行使されているとみなすこともできるでしょう。

政治学者の待鳥《まちどり》聡《さと》史《し》は、「既成の秩序とか、既得権益とか、動かない構造に対する非常に強い不信感、不満感というのがある」と指摘。また、大手メディアだけでなく「もっとその延長線上には既成政党そのものに対する強い不信感。つまり、既成政党そのものがある種の既得権益であるというふうにみなされている節がある」などと支持される理由を推測しました（「２０１９参院選後の日本　民意を読む」〈５〉待鳥聡史・京都大学大学院教授　２０１９・８・５［日本記者クラブ］）。政治学者の白井《しらい》聡《さとし》も、「ＮＨＫへの嫌悪。これが国民に非常に広がっているということを挙げておかねばならない」と述べ、ワンセグ機能付き携帯やカーナビからも受信料を徴収したり、放送済み番組のオンデマンド配信における「料金の二重取り」をするといった「酷い著しい銭ゲバ体質」への批判が「今回表面化」したという捉え方

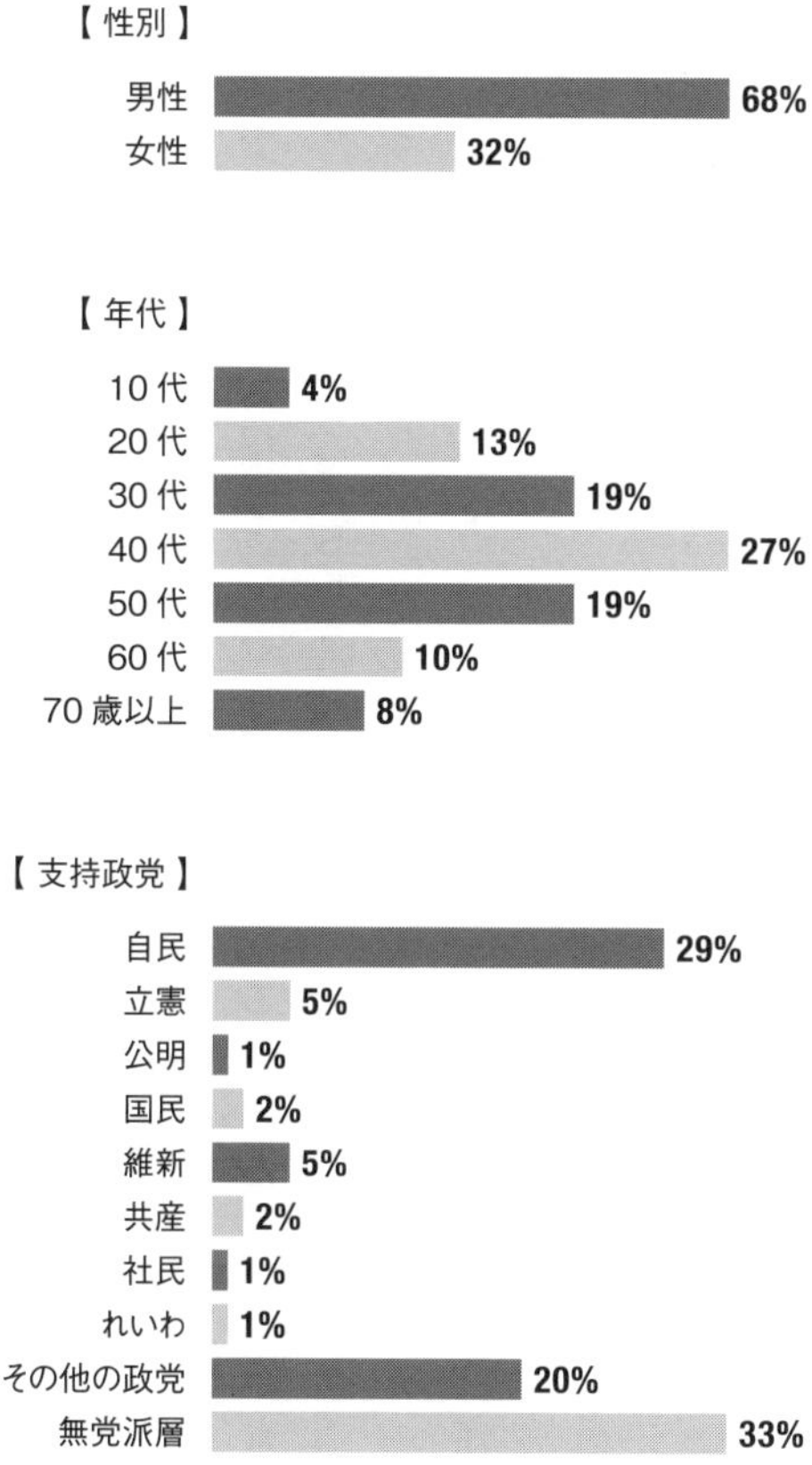

図2-1　比例区でN国党に投票した人の内訳
無回答は省略。出口調査から。　出典：朝日新聞（2019年）

をしました（「２０１９参院選後の日本　民意を読む」〈３〉白井聡・京都精華大学専任講師　２０１９・７・31［日本記者クラブ］）。また、元ＮＨＫのエース記者で『安倍官邸vs.ＮＨＫ　森友事件をスクープした私が辞めた理由』（文藝春秋）の著書で知られる相澤冬樹は、「私がＮＨＫを辞めた後も『政権忖度』どころか『政権ヨイショ』とでも言うべきおかしな報道が続いている」として、「これは視聴者の目にも明らかだから批判は当然強まる。そのことが『ＮＨＫをぶっ壊す』と叫ぶ立花氏とＮ国党への支持を集める格好になったのではないか？」と結論付けています（森友取材でＮＨＫを追われた記者が「『ＮＨＫをぶっ壊す』に賛同しない」理由とは　そもそも、ＮＨＫをぶっ壊している人物は他にいる／文春オンライン）。

要するに、投票行動には「庶民の鬱屈《うっくつ》」が確実に反映されており、一定の合理性があると考える方が妥当なのです。

分かりやすい対立構造を作る

ＮＨＫの政見放送を通じて全国のお茶の間に流れた言葉は、Ｎ国党がポピュリズム政党であることを驚くほど明快に物語っています。

立花は、ＮＨＫの問題が放置されていることについて、「悪いのは国会議員」「いわゆる既成政党に所属している国会議員」と言い、選挙による審判がぜひとも不可欠との呼び掛けを行いました。そして、自分たちは「エリート」ではなく「いわゆる庶民の集まり」とポジショニングしたうえで、エリートは国会でとんでもない政策を実行していると批判しています。もちろん、「いわゆる庶民の集まり」が「エリート」に優る根拠はありません。しかし、「失われた三〇年」などと称されるバブル崩壊による低成長時代のツケに翻弄され、他方で利益が公正に分配されず、一部の者に偏重している事態を苦々しく思っていた人々にとっては快《かい》哉《さい》を叫びたくなる台詞ではありました。このような対立構造がいかに人の心に響くかを立花は明確に理解しており、手を替え品を替えて執拗《しつよう》に繰り返すのです。「エリート国会議員がお代官様」「我々庶民が百姓」の対比はその最たるもので、「私が令和の大塩平八郎となって、皆さんの先頭に立たせていただきます」は、政見放送における山場の一つといえるものです。こうした立花の主張から読み取れる二項対立を図式化すると**図2-2**のようになるでしょう。

ここには、NHKのスクランブル化というシングル・イシュー・ポリティックスを、どちらがピュア（無垢）であるのかという精神の潔癖さ、日本人の国民性ともいえる美徳に落とし込む狙いが垣間見えます。

政治学者のカス・ミュデとクリストバル・ロビラ・カルトワッセルは、「ポピュリズムを、

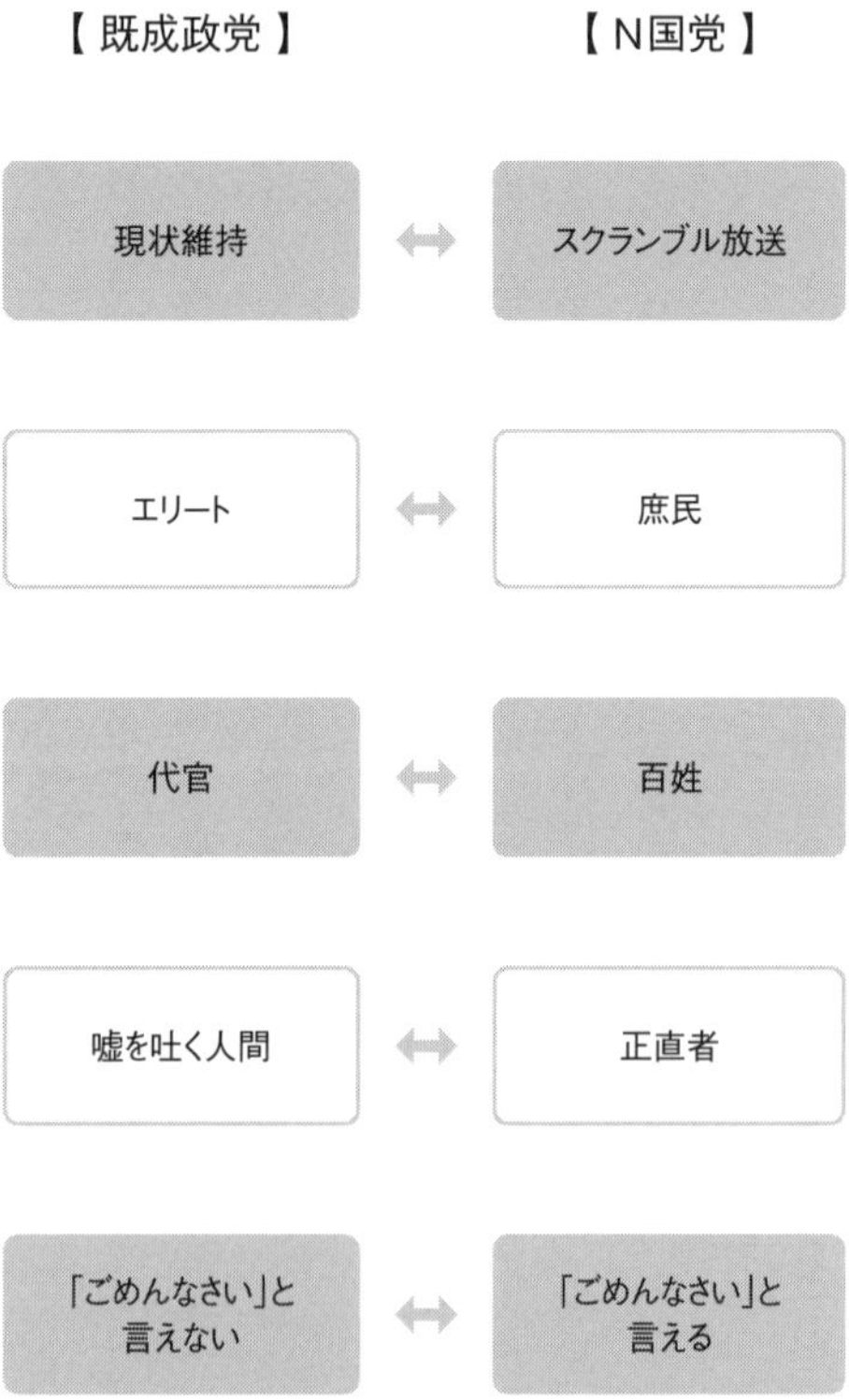

図2-2　立花孝志が主張する対立構造

社会が究極的に『汚れなき人民』対『腐敗したエリート』という敵対する二つの同質的な陣営に分かれる考え、政治とは人民の一般意志（ヴォロンテ・ジェネラール）の表現であるべきだと論じる、中心の薄弱なイデオロギーと定義」（カス・ミュデ／クリストバル・ロビラ・カルトワッセル『ポピュリズム　デモクラシーの友と敵』永井大輔訳、白水社）していますが、まさにN国党の政見放送に示された「エリート」対「庶民」の構図と、「国民の声」「国民投票」に重きを置く政治スタンスが綺麗に当てはまります。また、ここには、真の庶民とは「正直者」のことであり、「正しい判断をする者」であることが含意されています。それゆえ「腐敗したエリート」への不信感が示されるとともに、直接民主主義により国民による審判を下す主張が明確になされているのです。これは、立憲主義や障がい者というブレーキを備えたれいわ新選組と違って、ＮＨＫのスクランブル化というシングル・イシューとはいえ、場合によっては急進化する可能性もあり得ます。

カリスマによって輝く「さえない自分」

急進化の可能性が否めないのには理由があります。

その大きな要因の一つが、最初にあらかじめ予告したように、立候補者が（事実として）

どのような人物か否かは、持ち上げる有権者の主観にとっては（究極的には）どうでも良いといった代議制民主主義の本質的な問題点が露呈してしまっているからです。「小泉旋風」では、郵政民営化に反対する抵抗勢力が作り出され、敵と味方に単純化して改革の断行を迫る「小泉劇場」に多くの無党派層が焚《た》き付けられました。そのような投票行動をした彼らは、冷静な情報収集に努めた結果というより、時代の空気に乗り遅れまいと個人的な願望を投影したといえます。社会学者の山田《やまだ》昌弘《まさひろ》が当時の状況をこう総括しています（山田昌弘『なぜ若者は保守化するのか　反転する現実と願望』東洋経済新報社）。

> ２００５年の総選挙では、まさに、構造改革によって不安定な立場に追い込まれた人々が「夢」を小泉改革に託したのではないか。小泉首相が小泉チルドレンに幸運を運んだように、自分にもいつか「幸運」が訪れるという「期待」を込めて。前回の総選挙と比べ、民主党の比例区得票数はほとんど変化がない。自民党が増やした５００万票という数字は、不思議にもフリーターや派遣など不安定な非雇用者数と符合する。

要するに、「小泉旋風」では、不安定雇用の境遇に追いやられていた人々が、小泉首相に閉塞感を打破する救世主の役割を見出したのであり、その救済のひな型こそが小泉首相と小泉チルドレンだったわけです。このロジックは立花とその支持者にも当てはまります。この「失われた三〇年」に心底絶望した人々は、それぞれの「夢」をN国党に託しているのではないかということです。立花は、世襲政治家のような「地盤」（固定の支持層がいる地域）や「看板」（知名度）がないにもかかわらず、初の国政選挙で当選を果たしました。従来であれば、メインストリームに上がることを許されなかった過激な路線を敷くマイナー政党が、突然怪獣映画のワンシーンごとく表舞台に躍り出て世の中を動揺させたわけです。

これは、エリートが政治家になるという既成コースの破壊を実践しています。既存の政治体制に反感を持つ人々が一定数集まれば、公平とは言い難い日本における政治家になるための条件を乗り越えられるのです。たとえばN国党は、特に地方議員について政治家をエリートから庶民へと塗り替えるような動きを見せています。昨日までエリートでも何でもなかったトラックドライバーや動画配信者などが次々と市議や区議になっており、これは小泉チルドレンの成功物語に重なります。ネットがわたしたちの社会に欠かせないインフラになったことで、いわゆる広告費や「投げ銭」（ネット上でのユーザーからの金銭提供）で生活ができるＹｏｕＴｕｂｅｒなどの動画配信者が増えました。このようなネット経済における報酬メカニズムが政治における集票メカニズムにおいても起こったと考えられます。

　急進化につながりうるのは、このようなオルタナティブな階層上昇を果たしたカリスマ的存在によって、「さえない自分の人生が輝き始める」という支持者の〝錯覚〟です。それが山田の指摘した「小泉首相が小泉チルドレンに幸運を運んだように、自分にもいつか『幸運』が訪れるという『期待』を込めて」の真意なのです。ここでは、エリートが牛耳る既得権益の岩盤を庶民の力で穿《うが》つことこそが「夢」になります。とはいえ、夢は夢に過ぎません。「小泉旋風」の結果がそうだったように、支持者の人々が社会経済的に底上げされ、幸せな人生を送れる保証はありません。「ぶっ壊す」という言葉から発せられる独特の響きには、数多《あまた》の願望を投影できる魔力があります。しかし、仮にＮ国党の目論見通りにＮＨＫのスクランブル放送が実現されたとしても、あるいはそれこそＮＨＫが解体されて完全に民営化されるとしても、それに乗じて新しい利権が誕生することは想像に難くありません。また、将来的にＮＨＫ潰しを受け継ぐポピュリズム政党が急伸した場合、空前の大増税や社会保障の切り捨てのようなものとセットで実行される可能性もあります。

ＮＨＫとのバトルはプロレス興行

以上のような個々人の夢に訴求する反エリート主義的な扇動は、「ＮＨＫという巨大権力に新興政党が挑むというエンターテインメント性の高い物語」とセットになることで耳目を集めます。

立花はＮＨＫと受信料などに関連する訴訟を起こすだけでなく、事あるごとにＮＨＫ職員やＮＨＫの委託業者などとバトルを展開してきました。特に後者はすべてＹｏｕＴｕｂｅを武器に行われたものです。例えば、「立花孝志がＮＨＫ職員を完全論破して【契約を無効】にしました」（二〇一八年八月二二日）と題した動画では、「母親が息子の名前を使って行った契約」についてＮＨＫ職員から「無効」との言質を取り、しかも「衛星放送が映らないのに衛星契約」にさせられていた実態を暴きました。また、当選後には「国会議員立花孝志がＮＨＫ本部に行って受信料不払いを宣言」（二〇一九年八月八日）と題した動画を投稿。立花がＮＨＫと受信料契約を締結するために東京・渋谷の放送センターに赴《おもむ》き、そこで撮影の是非をめぐって口論が起こる内容です。「撮影と録音はお断りさせて頂いております」と対応した職員は言い、立花は「過去に門前払いされているため、撮影をする合理的な理由はあると思っている」と返して双方の主張が平行線を辿ります。そのため、立花は撮影の違法性を警察に判断してもらうため一一〇番に通報します。動画のコメント欄には「有権者１００万人の代表やぞ。なんやこのＮＨＫの態度は。」という書き込みが見られ、多数の賛意を得ています。

敵と味方の区分けが明快であり、ＮＨＫの現状容認か、ＮＨＫのスクランブル化かといった争点の分かりやすさが、右のような緊迫感のあるドキュメンタリー、あるいは痛快なリアリティショーのようなノリで観賞できる面白さを支えているのです。

ただし、これらの扇動的手法は、地方議会におけるＮ国党の地方議員たちの地道な草の根活動があってこそ成り立つ広報戦略といえます。そもそも、Ｎ国党は、ＮＨＫの強引な集金人などへの対応といったピンポイントな分野ではあるものの、国民の身近な困り事に寄り添うような活動によって地歩を固めてきました。生活不安などを抱えた人々にとってＮＨＫの受信料は大きな負担であり、社会的に孤立している人にとっては集金人の存在は脅威に映ります。ソーシャル・キャピタル（社会関係資本）の崩壊は、ちょっとした悩みや杞憂《きゆう》に関する相談先がなくなり、被害妄想や敵対感情が生じやすい状態を作り出すため、溺れる者はワラをも掴むかのように、変わった政党でも受け皿として有益に感じるのです。

各種メディアでは、立花が過激な政治家ＹｏｕＴｕｂｅｒであることなどをクローズアップしがちですが、NHKに不満を持つ地方の人々の感情に応えることで少しずつ支持を伸ばしてきたことを忘れてはならないでしょう。二〇一九年四月の統一地方選でN国党は大躍進を遂げました。東京二三区や関西を中心に四七人中二六人が当選し、所属議員が一挙に三〇人を超えたのです（二〇二〇年一〇月現在、三四人）。

このような一般の人々の生活不安と直結した物事に関する草の根活動は、これまで既存の政党が見過ごしてきた問題を拾い上げる印象を与えると同時に、先に示した「NHKという巨大権力に新興政党が挑むというエンターテインメント性の高いドラマ」に独特のリアリティを付与しているのです。「立花劇場」とでも言うべき「炎上商法による知名度アップ」というビジネスモデルは、支持者からしてみればプロレスの興行のようなものであり、立花はあえてヒールを演じる役目を引き受けているのです。

とはいえ、このプロレスは、決してリングの内と外がはっきりと明示できるものではありません。どこまでがプロレスなのかプロレスでないかが見えづらいのです。

小中学生をも巻き込む「ハイブリッド戦争」

その大きな要因の一つが、この章の冒頭で記した**「ハイブリッド戦争」**です。

ハイブリッド戦争（hybrid war/warfare）とは、もともと軍事戦略の一つを表す概念で、「ハイブリッド戦略」とも呼ばれています。通常の軍事的手段に加えて、ソーシャルメディアなどによる情報操作や、政治工作、各種圧力などの非軍事的手段を組み合わせて敵を弱体化させることを目的とする戦争です（小泉悠「ウクライナ危機にみるロシアの介入戦略　ハイブリッド戦略とは何か」『国際問題』２０１７年１・２月合併号Ｎｏ・６５８／公益財団法人日本国際問題研究所）。

立花が展開している戦略は、まさにこれに近いものといえます。

従来の選挙では、政見放送と街頭演説で勝負するしかありませんでした。しかし、今はネット、つまり動画共有サービスとソーシャルメディアがあります。立花は、まずＮＨＫの政見放送を自ら率いる政党のイシューであるＮＨＫ批判の発信源に変え、著作権がないことを利用して拡散を呼びかけました。自身のＹｏｕＴｕｂｅチャンネルでもアップしてその認知度を飛躍的に高めました。これによって全国各地の小中学生が意味もよく分からず「ＮＨＫをぶっ壊す」と言い始め、筆者の周囲でも友人や知人から子どもが「ＮＨＫをぶっ壊す」といきなり喋り出して困惑していると聞きました。「高収入求人情報バニラ」（性風俗店などが専門の求人情報サイト）を宣伝するバニラカーが流すテーマソングを歌い出す子どもと同じです。このような事実を踏まえると、このワンフレーズの親しみやすさと効用は相当なものと言わざるをえません。立花本人が述べているように、これは小泉純一郎の「自民党をぶっ壊す」の焼き直しです。かつて進化生物学者のリチャード・ドーキンスは、先のバニラカーのようなテーマソングの歌詞やメロディ、流行語や都市伝説、ファッション、デジタル機器や建築物などの文化が、遺伝子と同じように伝達や変異、淘汰《とうた》されると捉えて、その基本の単位として**「文化的遺伝子」＝「ミーム（meme）」**という概念を提唱しましたが、「ＮＨＫをぶっ壊す」は非常に良くできたミームの一種と呼べそうです（リチャード・ドーキンス『利己的な遺伝子』日高敏隆・岸由二・羽田節子・垂水雄二訳、紀伊國屋書店）。

　このような観点から分析すると、恐らく「ＮＨＫをぶっ壊す」というワンフレーズの短期間で広範囲への浸透は、未知のスラングや合言葉を流通させることでブランディングを図る**「ミームマーケティング」**の成功例といえるでしょう。これは一種の炎上商法でもあります。無名の政党ができるだけインパクトの大きな言動を最も効果的な方法で発信し、知名度の向上を図るとともに、支持者の掘り起こしへとつなげるのです。

　その傾向は、当選後すぐに人気タレントのマツコ・デラックスに対する抗議活動として表れました。二〇一九年七月二九日に放送したテレビ番組「5時に夢中!」（東京ＭＸ）で、マツコ・デラックスがN国党に投票した有権者について、「気持ち悪い人たち」「ふざけて入れている人も相当数いる」などと感想を述べたのです。これに立花が噛み付きました。東京・麹町にある東京MXの一階スタジオの前で、自ら動画の生配信を行いながら、集まった聴衆らを前におよそ一時間にわたり扇動しました。さらにマツコ・デラックスが出演する毎週月曜日の午後五時に合わせて抗議活動を継続することを宣言しました。このような異常ともいえる言動について、著名な政治家や弁護士などが批判の声を上げ、ネットメディアを中心に大きな話題となりました。

つまり、あえてインフルエンサー（ソーシャルメディア上で影響力のある人物）にケンカを売ることで自分の名を売ろうとするネットユーザーと同様、マツコ・デラックスという誰もが知る国民的な超人気タレントを利用して、自分たちの存在や主張を多くの人々に知ってもらおうという目論見だったのです。

数百万人に及ぶ「怨嗟の票田」

このような炎上商法は、実はN国党のお家芸でもありました。

元NHK職員であった立花がインターネットテレビ「立花孝志ひとり放送局」を立ち上げ

たのは二〇一二年。Ｎ国党の前身となる「ＮＨＫ受信料不払い党」の設立を届け出たのは翌二〇一三年のことでした（同年に現在の党名に変更）。立花は、ひとり放送局の立ち上げについて、尖閣ビデオの衝撃が契機になったと言っています。二〇一〇年九月に発生した尖閣諸島沖の中国漁船衝突事件のビデオ映像のことで、当初政府と与党が中国への配慮のため一部のビデオ映像しか公開していなかったことから、当時海上保安官だった一色正春《いっしきまさはる》がハンドルネーム「sengoku38」を名乗って四四分間の動画をＹｏｕＴｕｂｅ上に流出させたのです。

中国漁船が巡視船二隻に体当たりする様子はセンセーションを巻き起こし、一色は一部の人々から英雄視されることになったのです。従来マスメディアといえば、テレビ局が流す番組を意味していましたが、近年ＹｏｕＴｕｂｅをはじめとした動画配信サービスは、使い方、発信の仕方によっては、部分的にマスメディアを凌駕《りようが》する力を持ち得ます。ここを主戦場とすることで、立花は自らを鍛錬《たんれん》したのです。すると、それまでまったく注目されなかった立花孝志という存在が知る人ぞ知る異色の人物となり、ネット上で少しずつ知られるようになっていったのです。ここにおける試行錯誤——動画の再生数によってエンタメ度の優劣を突き付けられるシビアな戦場での戦い——がのちのミーム化と炎上商法の創出につながっていくのです。

この一連のお家芸における、離党した中央区議への脅迫行為（N国・立花党首を在宅起訴　区議脅迫などの罪で東京地検／朝日新聞デジタル）、N国党に批判的な記事を書いたライターへのスラップ訴訟（N国市議敗訴で注目「スラップ訴訟」って何？　立花党首「相手にダメージ」公言／毎日新聞デジタル）なども、自分たちが敵とみなした者への心理的なプレッシャーだけではなく、恐らく話題作りという偽悪的な側面が盛り込まれています。これがN国党版の「ハイブリッド戦争」なのです。どのような言動であるかを分かっていて行う故意犯ですから相当悪質といえますが、それでも過激さを求める支持層が一定数残ることを理解したうえでのしたたかさがあります。

　繰り返しにはなってしまいますが、N国党は、既存の政党がアプローチできていなかった不安や不満を抱えた「無党派層」を掘り起こすことに成功していた、と素直に考えるのが最も正しいように思われます。それは山本太郎が率いる「れいわ新選組」と同様です。

「N国党は民主主義を破壊している」という危機的な物言いをよく聞きます。しかし、民主主義というものは、経済的な安定性と高等教育の公平性などに支えられた「分厚い中間層」があって初めてまともに機能する「ハードルの高い政治システム」に過ぎません。つまり、結果と原因を取り違えているのです。N国党は原因ではありません。この混迷を深めながら沈没し続ける日本社会でさんざん辛酸《しんさん》をなめた人々が、悪意と怒りと呪詛《じゅそ》に駆られて過激な新興政党を担ぎ上げた結果でしかないのです。むしろ、N国党的なものを待望せざるを得ない日本の危機的な現状の一部に含まれる人々の存在について、わたしたちはどのような社会課題が彼らをそのような政治行動に向かわせているかという部分に焦点を合わせるべきでしょう。

そして与党を含む他の政党は、このような現象の重大性についてもっと自覚するべきでしょう。もしこれらの支持層に潜在している怨嗟を上手く手当てすることができなければ、N国党でなくとも、近い将来、やたらと求心力のある危険な新興勢力が、数百万人は存在する「怨嗟の票田」を得て急伸することが想像できます。想定外の事態へと突き進むポテンシャルがあることに、果たしてどれだけの人々が気付いているのでしょうか。

れいわ新選組とN国党は、出現の仕方もベクトルも異なりますが、日本社会がいよいよ腐った土台のように根元から崩壊し始めたことを知らせる、いわば二つの別々の音色を発する警笛のようなものなのです。

第三章
国会議員YouTuberは民主主義を破壊するか

あらゆるメディアはわれわれのすみずみにまで完全に作用する。メディアがもたらす帰結は、個人的にも政治的にも経済的にも美的にも心理的にも道徳的にも倫理的にも社会的にもすみずみまで浸透するので、われわれのあらゆる部分が例外なしにメディアによって接触され、影響と変更を被ってしまう。メディアはマッサージである。（マーシャル・マクルーハン、クエンティン・フィオーレ『メディアはマッサージである　影響の目録』門林岳史訳、加藤賢策デザイン監修、河出文庫）

「おしゃべり会」と携帯番号の公開

れいわ新選組とN国党が既存の政党と大きく異なる点は、第一章と第二章で詳しく説明した通り、ノンエリートが統率するポピュリズム政党であることと、特定の利益団体のコントロールを受けていないことです。そして、直接民主主義に近い感覚をもたらす政治家が対話可能な距離感で有権者と向き合うと同時に、絶望的な社会状況に怒りと不満を抱いている多様な階層の「個人的な不安への訴求」を重視したことにあります。

とりわけ家族や地域社会といったソーシャル・キャピタル（社会関係資本）が崩壊し、人と人との関係性が希薄化する「社会的孤立」が日本中に蔓延《まんえん》しているような状況においては、オンライン／オフラインを問わずダイレクトなコミュニケーションは政治家と有権者間の結び付きを強めるでしょう。街頭演説と同等の効果を持ち得る動画共有サービスや、私生活の重要な一部と化しているソーシャルメディアを駆使した政治活動は、「来るべき政治家」像を雄弁《ゆうべん》に物語っているのかもしれません。

この二つの新興政党の台頭を強引に一言で要約するとすれば、政治とメディアをめぐる地殻変動に根差す直接民主主義的なものへの期待感が、ノンエリートが扇動する民衆一揆といった形で国政選挙へと明確に反映された結果ということになるでしょう。

そして、どうやら今後この動きは加速しそうな気配があります。

すでに第一章で紙幅を割いて解説したように、「不安な個人」と「過剰接続」が定着し、「エンタメ化」に傾倒したことも影響を与えていますが、最も重要なことは、有権者個人が政治家や政治団体と直接つながることによって、欠乏状態にあった「自尊感情」が満たされるというメカニズムが見られることです。これをシングル・イシュー・ポリティックスのように打ち出したのがれいわ新選組でした。「失われた三〇年」で疲弊した人々に「生きてるだけで価値がある」と鼓舞したのです。一方のＮ国党は、「悪いのはすべて既得権益にどっぷりと浸かったエリート」であり、「払いたくないものは払わなくていい」と「庶民の鬱屈」を正当化します。ここで大事なのは、両党の代表は、一般人がその気になれば会って意見を伝えることができてしまうという点です。れいわ新選組の山本は、全国各地を行脚して行っている「おしゃべり会」で、Ｎ国党の立花は、自らの携帯電話の番号を公開してＮＨＫ問題の窓口となることを公言している通り、有権者との直接対話が大前提になっています。また立花は、一時期は定期的に誰でも参加できる記者会見を行っていました。これは従来の政治家と有権者の間にある越え難い障壁を考えるとすごいことです。

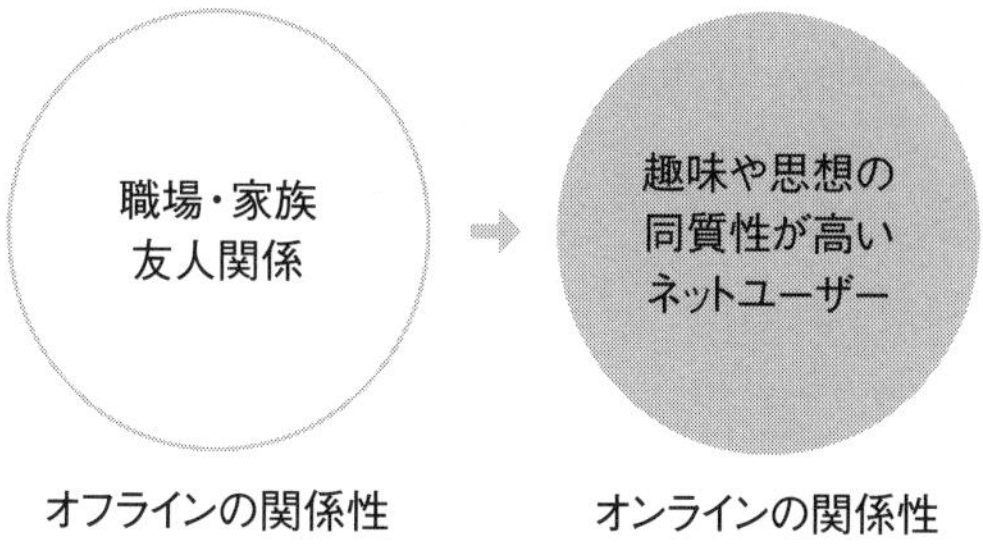

図3-1　自尊感情の源泉の変化

自尊感情の不足をネットで補う

本題に入る前にまず前提として押さえておかなければならないのは、リアルなつながりが形作るソーシャル・キャピタル（社会関係資本）の崩壊とともに、自尊感情の源泉が職場や家族や友人関係といったオフラインの関係性から、趣味や思想の同質性が高いネット上のユーザーといったオンラインの関係性へと緩やかにシフトしていったことです。

平成の時代、特にバブル崩壊以降、日本ではグローバル化の進展に伴う経済的格差が拡大し、福利厚生に恵まれた職場で社会的な承認が得られる人生モデルが成り立たなくなりました。そして、前述の家族や地域社会といったソーシャル・キャピタル（社会関係資本）が脆弱《ぜいじゃく》化して「社会的孤立」の状態に陥る人々が増えていきました。職場が自分の居場所であると感じられるアイデンティティのよすがになっていたのは、社宅制度や企業年金などの経済的な安定性を保障する正規雇用と、社内運動会などに象徴される良くも悪くも〝公私混同〟の共同体の機能があったからです。しかし、大半の企業でこのような仕組みを維持する余裕はなくなり、個人主義の浸透とともに**「ただの仕事場」**へと変貌を遂げていきました。家族や友人関係も以前と比べて長期的なものではなくなり、簡単に信頼感や安心感を得られるものではなくなりました。家族は互いを労《ねぎら》い、助け合う慰安と協同のパートナーというよりも、突然解雇されたり、バーンアウト（燃え尽き）したりして経済的な負担になるかもしれず、友人は腹を割って人生相談をしたり、転職のあっせんをお願いする相手ではなく、出世競争の相手、正規雇用という椅子取りゲームのライバルとして意識されやすくなったからです。むしろ一つの人間関係に極端に依存したり、執着することは大きなリスクになる恐れがあるというわけです。

　インターネットがわたしたちの社会のインフラになるにつれ、趣味や思想の同質性が高いネットユーザー同士が容易につながるようになり、そこで行われるコミュニケーションで自尊感情の不足を補うようになっています。最初その割合は微々たるものであったと思われます。なぜなら常時接続のための簡便なデジタルデバイスといえるスマホが登場していなかったからです。ソーシャルメディア上のコミュニケーションはとてもイージーです。手の指を少し動かすだけで自己の感情を吐露でき、すぐに「いいね！」という共感がもらえます。それゆえ、次第にオフラインでの人間関係を模索することに及び腰になり、スマホ内で完結するインスタントなオンラインでの人間関係に比重を置くようになります。これが自尊感情の源泉のオンライン化への大雑把な流れです。

共産党議員もＹｏｕＴｕｂｅｒに

政治とインターネットをめぐる状況の変化は、二〇一三年の公職選挙法改正が起点となっています。同年四月からインターネットによる選挙運動が解禁され、同年七月の参院選から実質的に導入されました。それから六年を経て新しいフェーズに突入したというわけです。

「国会議員ＹｏｕＴｕｂｅｒ」といえば、一時はＮ国党の立花孝志がその代名詞でしたが、最近は、衆議院議員の玉木《たまき》雄一郎《ゆういちろう》がＹｏｕＴｕｂｅ配信に力を入れています。しかも、興味深いことに玉木が本腰を入れ始めたきっかけが立花孝志のＹｏｕＴｕｂｅｒとしての成功でした。玉木は二〇一九年九月、立花とコラボ動画を配信したことで猛烈な批判にさらされました。玉木が自身のＹｏｕＴｕｂｅチャンネル「たまきチャンネル」の番組に立花を招待し、選挙戦略や「森友問題」などについて一時間半にわたって語り合ったもので、九月一三日に一回目、一九日に二、三回目をそれぞれ配信しました。ちなみに一回目の動画のタイトルは「ＮＨＫをぶっ壊す男、登場！」となっています。立花が離党した区議への脅迫容疑で、警察から事情聴取を受けた直後だっただけに、国民民主党の支持者を中心に常識を疑うなどという怒りの声が殺到したのです。

しかし、この炎上騒動ばかりに目を奪われていると、政治とＹｏｕＴｕｂｅのような動画共有サービスをめぐる重大な論点を見落としてしまいます。玉木がそもそも立花との接触を望んでいた理由が、前述した通り立花が「動員力のある人気ＹｏｕＴｕｂｅｒ」であるだけでなく、破天荒といえるアウトサイダー的な魅力であったことが想像できるからです。

玉木は二〇一八年七月に初めてＹｏｕＴｕｂｅチャンネル「たまきチャンネル」を開設しました。テレビのニュース番組などで見る堅苦しい様子とは打って変わって、「【国会食レポ】たまき、タピるー」という動画では、スイカ果汁一〇〇％ジュースのタピオカトッピングと、タピオカほうじ茶ラテの飲み比べをするなど若者受けを狙った動画をアップしています。また、説明文に「国会議員としての本来の姿である、街の生の声を直接聞く、ガチ突撃インタビュー！と、国会で議論されているような、難しいことを分かりやすく説明していくチャンネルです」とあるように、二〇一九年七月の参院選前には、東京・品川区の商店街に繰り出して、お店の人たちに消費増税に対する率直な感想を求めました。そこで「(消費増税に)徹底的に反対する人がいない」「(野党は)甘いと思っています」などという厳しい言葉に向き合うポーズを見せたのでした。

実は現在では、このような政治家のＹｏｕＴｕｂｅ活用、ＹｏｕＴｕｂｅｒ化は彼だけではありません。二〇一九年三月にＹｏｕＴｕｂｅデビューを果たしたのが、日本共産党中央委員会政策委員長で参議院議員の小池晃《こいけあきら》でした。

チャンネル名はその名もズバリ「ＹｏｕＴｕｂｅｒ小池晃」。共産党らしい硬派な作りの「ＹｏｕＴｕｂｅｒ小池晃が3分で年金問題を斬る」という動画だけでなく、「Ｙｏｕｔｕｂｅｒ小池晃が行く　夜までハシゴの旅ｉｎ赤羽」というぶらり旅的な企画モノもあります。

かつての勤務先の病院で一緒に働いていた看護師たちと飲みながら、熱血医師だった頃のエピソードなどを披歴《ひれき》して庶民目線をアピールしています。看護師曰く、狭い病室に並んだベッドを飛び越えて、いちばん奥の患者を抱きかかえて心臓マッサージをしたとか。そんな当時の小池の行動に若い看護師たちが感動していたと話すのです。

最初にアップされた動画「小池晃をＹｏｕＴｕｂｅｒにしてみた」には、サポーター担当者の発案から始まったという経緯を説明していることから、無党派の若年層へのリーチを意識した取組みであることは間違いないでしょう。

渡辺喜美のイメージチェンジ

今のところ「たまきチャンネル」の登録者数は約三・三三万人、「ＹｏｕＴｕｂｅｒ小池晃」の登録者数は約一・六万人（二〇二〇年一〇月現在、以下も同じ）。世間で名の知れた国会議員のＹｏｕＴｕｂｅチャンネルの本格的な活用は少数にとどまっていますが、今後、ＹｏｕＴｕｂｅでオリジナルコンテンツを発信して若者を取り込もうとする動きはさらに進むかもしれません。

例えば、れいわ新選組の山本太郎のＹｏｕＴｕｂｅチャンネル登録者数は、約六・八一万人と「たまきチャンネル」の二倍以上ですが、前述のタピオカやぶらり旅のようなオリジナルコンテンツはほとんどありません。逆に言えば、優秀なブレーンがテコ入れをすれば、驚異的な動員を実現する可能性があるということです。

さらにもう一人、国会議員ＹｏｕＴｕｂｅｒで忘れてはいけないのは、院内会派みんなの党代表で参議院議員の渡辺《わたなべ》喜《よし》美《み》のイメージチェンジでしょう。

渡辺は二〇一八年一二月にＹｏｕＴｕｂｅチャンネルを開設していましたが、動画の数は少なく開店休業のような状態がしばらく続いていました。変化が起こったのは二〇一九年八月です。ＹｏｕＴｕｂｅのコメント欄からの指摘などを受けて、ホワイトボードを用いた講義風の動画を投稿し始めたのです。立花のスタイルを踏襲《とうしゅう》したものだと思われます。テーマは「米中貿易戦争」「終戦の詔勅《しょうちょく》」「ＧＳＯＭＩＡ破棄」まで多岐にわたります。チャンネル登録者数は最初数千程度でしたが、現在は約一・五三万人となっています。

「魅力の競演場」で育まれたエリート

このようにまだ政治におけるＹｏｕＴｕｂｅ活用の黎明期《れいめいき》にあるといえる日本の未来を占ううえで参考になるのが、お隣の韓国です。

国会議員のおよそ七割がＹｏｕＴｕｂｅｒ化しているというから驚きです。「ＹｏｕＴｕｂｅ政治」という言葉が新たに生まれたぐらいで、日本などよりもＹｏｕＴｕｂｅの影響力は大きくなっています。中央日報は二〇一九年二月八日に興味深い記事を出しています。「ＹｏｕＴｕｂｅ政治」によって「伝統的なエリートが再編」される時期を迎えており、「一定の条件で扇動的で権威主義的なポピュリスト指導者の出現」が予想されるという、李準《イジュン》雄《ウン》ソウル大言論情報学科教授の見解を紹介したものです。

まず李教授は「政治エリートと大衆の疎通方式、世論形成方式」が変わり、「政党とメディアという精製された通路を通さずに受容者を直接選択する」ようになっていると述べています。従来のチャンネルを使わず、直接大衆とつながろうとする傾向が強まっているというわけです。なぜ大衆が政党とメディアをパスするのか、という問いにはこう答えます。

> 「伝統的政党体制の無気力だ、伝統的メディアに対する不信感、市民的疎通チャンネルの活性化が理由だろう。民主化の結果、誰でも話せる時代になった。学校、官僚組織、宗教集団、職場など社会全般の旧制度は崩壊中で、市民社会の分化も階層、性別など極端化している。こうした変化を従来の政党や社会団体が受け入れずにいる。なぜＹｏｕＴｕｂｅに行くのか。そこに大衆が、支持者がいるからだ」（「ユーチューブ政治時代、扇動型政治指導者の出現が心配」〈1〉／中央日報日本語版／二〇一九年二月八日）

このような見立ては日本の現状と非常に重なる部分があります。

その上で李教授は、従来の学閥や世襲などをベースにした「伝統的政治エリート」から

「疎通型エリート」に置き換わる過程にあると主張します。

「伝統的政治エリートとは国会議員、長官、軍人、弁護士、教授、言論人などをいう。この人たちは学閥を利用して地縁、学縁、姻戚関係で権力の塔を形成する。外勢であれ、軍部であれ、財閥であれ、隠れている本当の権力の代わりに執行力、行政力を行使する。一方、疎通型エリートとは２００２年以降に本格的に登場し、魅力の競演場で訓練を受けた人たちだ」（同前）

「魅力の競演場」とは言い得て妙です。李教授は、疎通型エリートは「魅力、感動、説得力を武器に大衆と直接疎通して政治的動員をする」と述べています。「この人たちはアリストテレスのレトリック３要素、エトス（背景と魅力）、パトス（感動的行為）、ロゴス（妥当な論弁）を備えた人だ。容貌が良ければプラスになるが、必ずしもその必要はなく、魅力的で感動的な話、話術があればよい」と。この文章はあたかもれいわ新選組の山本とN国党の立花について語った的確な批評のようにも思えます。

「物語」を支配する者が英雄になれる

政治家と視聴者＝有権者を直接結び付けて親近感を作り出すＹｏｕＴｕｂｅチャンネルは、街頭演説などとは異なる次元で有権者にアクセスすることを可能にしてしまう「飛び道具」といえます。いわばネット空間で無限に拡散・再生される〝辻立ち〟であり、持ち前のキャラクターなどを前面に打ち出すことによって、知り合いや友人のような身近な存在になれるチャンスが開かれます。そこでは、**「感情を揺さぶる物語」**を紡ぐことができる人物が優位に立つことになるのです。

国際政治学者のＰ・Ｗ・シンガーと紛争・ソーシャルメディアのエキスパートであるエマーソン・Ｔ・ブルッキングは、『「いいね！」戦争　兵器化するソーシャルメディア』（小林由香利訳、ＮＨＫ出版）で以下の指摘をしています。

> シンプルさ、共鳴、目新しさという三つの特徴によって、その「物語」が定着するか失敗に終わるかが決まる。極右の政治指導者や女性の権利を訴える活動家から、リアリティ番組で人気のセレブ、カーダシアン一家まで、誰もがしじゅう「〝物語〟を支配しろ」というのも当然だ。「物語」を支配することは、誰が英雄で誰が悪党か、何が正しくて何が間違っているか、何が

真実で何が虚偽かを観察者に告げる。

楽しい気分の人と一緒にいると楽しくなり、悲しみに沈んでいる人と一緒にいると悲しくなる「情動感染」（emotional contagion）は、物理的に人と接しないソーシャルメディア上でも起こることが近年の研究で分かってきています。中でも怒りの感情は情動感染を誘発しやすく、これが良くも悪くも「参加型民主主義」に近い動員力を発揮するフックになります。敵と味方を峻別《しゅんべつ》するエキサイティングな物語――その主役をそつなく演じ続けることこそが大ヒット間違いなしのリアルポリティカル・サスペンスを生み出すのです。李教授のいう「魅力の競演場」で訓練を受けた**「疎通型エリート」**とは、まさにこのシンガーとブルッキングの論理に従って権力を得ようとする実践者なのです。

もちろん、後述するようにここには社会を分断する恐るべき種子が含まれています。仮に多くの国会議員が物語性を重視したコンテンツ制作によって支持者とのつながりを強化すればするほど、全体的には「隣村と話が通じない」といった隔絶が常態化する部族社会的な状況がもたらされるからです。これはすでにネットの言論空間で度々起こっている「ソーシャルメディアにおける同族化現象」という深刻な事態を反復するものです。

冒頭のパラグラフに戻りましょう。

「あらゆるメディアはわれわれのすみずみにまで完全に作用する。メディアがもたらす帰結は、個人的にも政治的にも経済的にも美的にも心理的にも道徳的にも倫理的にも社会的にもすみずみまで浸透するので、われわれのあらゆる部分が例外なしにメディアによって接触され、影響と変更を被ってしまう」と言ったのは、メディア論の泰斗であるマーシャル・マクルーハンです。マクルーハンのテーゼ「メディアはマッサージである」ほど、ネットとわたしたちの関係性を見事に看破した表現はないでしょう。

N国党の後を追うかのようにマイナーな政治勢力が地方議会に議席を獲得し始めていますが、このような動きを支えるものとしてYouTubeのようなメディアが果たす役割は大きくなる一方です。つまり、これまでバラバラに生きていた性別や職業や階層も異なる不特定多数の人々が、（皮相な言い方ではありますが）メディアのマッサージを通じて——同じマッサージパーラーに通う優良顧客のような仲間意識によって——緩やかに結ばれるというわけです。

中核派と日本第一党の地方議席獲得

二〇一七年にＹｏｕＴｕｂｅに開設された中核派《ちゅうかくは》の新聞「前進」を紹介する「前進チャンネル」というものがあります。新聞の発行元の前進社は、革命的共産主義者同盟全国委員会（通称「中核派」中央派）の事務所を兼ねています。中核派は日本の新左翼党派の一つです。「極左暴力集団」と呼ばれて警視庁公安部によってマークされており、これまで何度も家宅捜索が行われています。暴力革命を肯定する立場ゆえに、過去に数多くの犯罪を起こしていますが、しかし、二〇一九年四月二一日の杉並区議会議員選挙で、前進チャンネルのキャスターを務めるほらぐちともこが三二七五票を獲得し、四八議席中一八位で初当選したのです。この歴史的な快挙ともいえる出来事に衝撃が走りました。

前進チャンネルは、「前進チャンネル第１８４回『３２７５票の杉並区民の支持』」と題した動画で、「杉並・田中区政への真正面からの『ＮＯ』であり、安倍政権の『命より金もうけ』の新自由主義政策の一環である阿佐ヶ谷北口をはじめとした再開発計画への怒りがほらぐちさんを押し上げました」「ほらぐちさんの圧勝は、これに対する民衆の怒りを象徴しています」とコメントしています。

もちろん、ＹｏｕＴｕｂｅでの発信だけで選挙に勝てたわけではないでしょう。とはいえ、ほらぐち自身の「訴え方とか闘い方は、世の中に合わせて変わっていくべきだとは思っている」との認識に示されている通り、「選挙闘争」というソフト路線で、ネットの拡散力を上手く使った点は少なからず影響したと思われます。

彼女はこう述べています。

「労働者を搾取して得た利益で資本主義経済が回っているし、労働者が社会を動かしているから富が分配されている。労働者がいなければ、資本家は何もできないと私は思う。だから労働者が主人公になっていく、決定権を持つ社会にしたい。こういう話をすると、原始時代に戻ると考える人もある。そうではなく、必要な人に必要なものが与えられる社会、富の正しい分配の仕方。貧困のない社会はそういう形で実現できるのではないか」（「私が中核派だと知らなかった杉並区民もいたと思う」今も暴力革命を肯定？　話題の新人区議・洞口朋子氏に迫る／二〇一九年四月二八日／ＡＢＥＭＡ ＴＩＭＥＳ）

予備知識なしに字面だけをさらっと読むと、昨今の反貧困を掲げるポピュリズム政党の主張と遜色《そんしょく》がありません。現在チャンネル登録者数は六〇〇〇人程度ですが、コンテンツの作り方などを工夫すればもっと支持層を広げられるかもしれません。

片や、右翼陣営にも風が吹き始めています。排外主義的な傾向がある政治団体「日本第一党」は、二〇二〇年二月一六日の茨城県那珂市《なかし》議会議員選挙で同県本部長の原田ようこを初当選させたのです（党推薦の無所属候補として立候補）。こちらも中核派と同様に女性で、過激な主張をしていないことで共通しています。日本第一党員として初の地方議員の誕生でもあるため、同党を敵視する勢力が激しく反発しました。

同党の党首である桜井誠は、自身のＹｏｕＴｕｂｅチャンネル「桜井誠チャンネル」（チャンネル登録者数一〇・六万人）で独自の活動を展開しています。「党首のおやつタイム」のようなゆるいものから講演会の録画までを幅広く配信し、党の主張や党首の人となりを知ってもらうことに相当手間をかけていることがうかがえます。また、桜井は「ふわっち」というライブ配信サービスも積極的に活用しています。そのようなスタンスを見本にしたのかどうかは分かりませんが、原田も選挙戦において「ふわっち」を使い、選挙演説や政策に関する説明を行っています。

メディアのマッサージはわたしたちの感覚器官に根本的な変化を促し、志向性そのものをも作り変えてしまいます。そしてシンガーとブルッキングが「『物語』を支配することは、誰が英雄で誰が悪党か、何が正しくて何が間違っているか、何が真実で何が虚偽かを観察者に告げる」と断じたように、そのような志向性が飛び付く「シンプルさ、共鳴、目新しさという三つの特徴」を満たす「物語」の支配を制する者が現実の政治をも制するのです。これは、マイノリティからマジョリティに至るまで同じことが指摘できます。

ヒカキンとのコラボ

新型コロナウイルス感染症のパンデミック（世界的大流行）は、日本でも多くの死者が発生し経済的に大きな損失を被りましたが、この際、最もＹｏｕＴｕｂｅの活用に秀でていた政治家がいます。東京都知事の小池百合子です。彼女は人気ＹｏｕＴｕｂｅｒのヒカキンと対談を行うことで、若者を中心に感染拡大を防止するための行動変容を効果的に訴え、なおかつ政治家としてのイメージアップを図ることに大成功しました。元々は、小池がＴｗｉｔｔｅｒ上でヒカキンの**「#うちで過ごそう」**というキャンペーンに対し、「ヒカキンさんから若い世代のみなさんへ、外出自粛の呼びかけ。感謝します」とお礼のコメントをしたのがきっかけでした。その後、ヒカキンの方から対談の企画を持ち掛けたというのです。ヒカキンから小池に質問を投げかける形式で、「新型コロナウイルスの感染が拡大している中で何ができるか？」「発熱したらどうすればいいか？」「若い世代はどんなことに気をつければいいのか？」などといった内容が主なものです。小池は終始、ヒカキンと対等に話す姿が好感を呼び、若い世代を中心に評価されました。また小池は、ヒカキンが「三つの密」（密閉・密集・密接）について説明してくれたことを絶賛。「やっぱりヒカキンさんすごいよ～」と持ち上げるフットワークの軽さを見せるとともに、不必要に危機感を煽らないリスクコミュニケーションが可能な政治家像を演じ切りました。

　これは政治家のＹｏｕＴｕｂｅ活用を考えるうえで、非常に重要なリーディングケースの一つです。人気ＹｏｕＴｕｂｅｒとのコラボと言ってしまえばそれまでかもしれませんが、相手のキャラクターとタイミング、適切なコミュニケーションが揃わなければ、かえってネットユーザーから低評価を受けたり、炎上のネタを提供することにもなりかねません。このいずれかがボタンの掛け違いを起こすと、政治家としてのセンスが疑われる可能性も十分にあるのです。しかしここでは、感染症対策を若者にアピールしようとする＝**シンプルさ**、人気ＹｏｕＴｕｂｅｒと肩を並べて話すことができる＝**共鳴**、人気ＹｏｕＴｕｂｅｒと都知事の組み合わせ＝**目新しさ**という三つの特徴が見事にクリアされています。

メディアマッサージの影響は未知数

動画配信という飛び道具による政治活動は、もはや避けることのできない戦場となっています。ＹｏｕＴｕｂｅｒ議員はその先駆けに過ぎません。しつこく引用しますが、マクルーハンが言うように「あらゆるメディアはわれわれのすみずみにまで完全に作用する」のです。わたしたちは日夜、ネットに接続して動画共有サービスやソーシャルメディアといったメディアのマッサージを受け続けているにもかかわらず、それらのメディアのマッサージによって「何が変わってしまったのか」すら正確に把握することができていません。メディアのマッサージによって感受性そのものや情報処理の仕方、ひいては社会に対する認識や世界像すら変容を余儀なくされていくことでしょう。これは考えれば考えるほど空恐ろしいことです。

そのような激変する社会環境の下で、お好みの政治家ＹｏｕＴｕｂｅｒや、ソフト路線を展開する過激な政党などを各々が支持・共鳴し、政治の本格的な多チャンネル時代が実現された暁《あかつき》には、韓国で先鋭化している「ＹｏｕＴｕｂｅ政治」のような新しいダイナミズムがデフォルト（初期設定）となり、従来型のエリートによる政治などはシーラカンスのごとき過去の遺物になるかもしれません。国会議員の大半がＹｏｕＴｕｂｅｒ化してしまった世界、あるいはすべての政治活動がメディアのマッサージを介して波及してゆく世界は、日本ではまだまだ現実味がない夢物語に聞こえることでしょう。しかし、わたしたちの日常であるオンラインライフの政治版と考えれば、その極めて高い中毒性と危うい魔力は思い半ばに過ぎるものがあるのではないでしょうか。メディアのマッサージによる新しい動員が国政を左右する未来は決して遠くはないのです。

第四章

反転するリアリティ、炎上マーケティングの罠

今、あらわれつつあるのは、巨大で、息づいていて、つねに進化している、全体がもつれあったようないわば超・有機体であり、その触手はツイッターやフェイスブックのプラットフォームよりもさらに遠くまで広がっている。それは現在、15億余のインターネット・ユーザーや10億を超えるウェブサイトを抱え、internetstats.org によるならば、毎日20億ギガバイトを超えるデータを処理するために毎時2テラワットを超える電力を消費する化け物のような存在だ。

（オリバー・ラケット、マイケル・ケーシー『ソーシャルメディアの生態系』森内薫訳、東洋経済新報社）

批判されるほどチャンネル登録者数が増加

Ｔｗｉｔｔｅｒのハッシュタグに**「＃ＮＨＫから国民を守る党に投票してはいけません」**というものがあります。二〇一八年から頻繁に使われ始めるようになりました。Ｎ国党の政治家がいかに反社会的でろくでもない人々であるかを声高に訴え、まだＮ国党のことをよく知らないネットユーザーに向けて啓蒙する意図で作られたものです。Ｎ国党とその支持者、対するいわゆる〝アンチＮ国党〟に分類される人々をめぐる騒動には、実は、今後のソーシャルメディアに代表されるネットと政治に関する重大な問題が示唆されています。

ポイントは主に以下の二点にまとめることができます。

・公式的なマスコミ＝オールドメディアと非公式的なマスコミ＝ネットメディアを対立軸とする「新しい戦線」の出現

・ネットによって誰もが「被害者」であることを意識しやすくなり、共感で結びつく部族主義が活性化し、部族間闘争が拡大

順を追って説明しましょう。

N国党は二〇一九年の初秋、参院選での熱狂から一転して世間の風当たりが強くなりました。これまでの章で度々言及してきたように、人気タレントのマツコ・デラックスの発言をめぐる抗議活動で「崎陽軒《きようけん》」のシウマイの不買運動を扇動したり、離党した区議への脅迫容疑で、党首の立花が警察の事情聴取を受けたり、地方選の街頭演説でヤジを飛ばした人物を「私人逮捕」していた事実が新聞紙面で改めて取り上げられたことなどが原因です。

その一方で、皮肉なことではありますが立花のＹｏｕＴｕｂｅチャンネルの登録者数は増加し続けていました。当時の一カ月だけでも四万人増え、四九万六〇〇〇人に上昇しました（二〇一九年九月二六日時点）。動画の内容を見ると、国民民主党代表の玉木や実業家のホリエモンこと堀江貴文、元みんなの党代表で無所属の渡辺喜美らとの対談を次々に実現。堀江とのコラボ動画はＹｏｕＴｕｂｅの急上昇ランキング一位となり、一九三万回を超える再生数を記録したのです（同）。つまり、むしろ立花お得意の「炎上商法」によって無党派層が掘り起こされ、支持層の拡大に成功しているようにも見受けられるのです。マスコミや常識的なネットユーザーを中心に沸き起こるN国党への批判の激化と、マスコミに反感を持ち既得権益層への憎悪を募らせる支持者の増加——このギャップは一体何なのでしょうか？

「公式的マスコミ」と「非公式的マスコミ」

その問いを解く鍵のひとつが、公式的なマスコミ＝オールドメディアと、非公式的なマスコミ＝ネットメディアという対立軸です。これは新型コロナウイルス感染症のパンデミックの際に、ロシアのプロパガンダメディアで有名な「スプートニク」が紹介していた分類法に基づくものです。ロシア科学アカデミー心理学研究所の上級研究者アナスタシア・ヴォロビオヴァは、コロナ禍に伴うパニックについて、「恐怖を生む要因は複数あります。公式的、非公式的マスコミが様々な情報発信をしている。これによって公式的なマスコミへの不信感が生まれ、情報の一部を作為的に隠蔽しているのではと勘繰られてしまう」と述べました（「パニックと外国人嫌悪　新型コロナウイルスに対する恐怖はウイルスより危険？」タチヤナ・フロニ、Ｓｐｕｔｎｉｋ日本）。**「公式的マスコミ」**とは、テレビや新聞、大手通信社から地方紙のようなものまでが含まれます。

一方の**「非公式的マスコミ」**とは、個人レベルで運営されるバイラルメディアやブログ、ソーシャルメディアなどを指しています。今やネットメディアも旧来的な意味でのマスコミ、テレビや新聞に象徴される狭義のマスコミと同等かそれ以上の影響力を持つとの認識からです。

二〇一九年八月に入って間もなく、ある事件が勃発しました。Ｎ国党の立花と「文春砲」のバトルです。取材のため『週刊文春』からファックスで送信された質問状について、立花はＹｏｕＴｕｂｅにアップした動画の中で、緊急性のない事柄に「短い回答期限」を設定した同編集部を痛烈に批判しました（その後、『週刊文春』二〇一九年八月二九日号に掲載された記事に対して、立花は名誉棄損で訴える姿勢を示しました）。

立花は、視聴者に対して、「金曜日の夜九時前に一〇項目の質問をファックスで送ってきて、日曜日の昼一二時までに書面で回答しろというのをどう思いますか？」などと問いかけ、「ＴｗｉｔｔｅｒのＤＭで口説いた女性との一晩だけの肉体関係が多い」などの噂の真偽を確かめる質問を読み上げ、「ネット上の噂をそのまま聞いてくる」と呆れ返りつつ身の潔白を主張したのです。立花はこのようにＹｏｕＴｕｂｅ上で質問状に次々と回答していき、「メディアに発言を切り取られ、一方的に書かれるリスク」に先手を打ってみせたのです。人気ＹｏｕＴｕｂｅｒ、しかも政治家ＹｏｕＴｕｂｅｒが週刊誌の取材内容を逆に暴露し、自身のメディア（ＹｏｕＴｕｂｅチャンネル）で回答するというやり方は従来にないものでした。これは、ヴォロビオヴァのいう「公式的マスコミ」の横暴を、「非公式的マスコミ」が告発するという構図であり、情報の真偽はともかく相手を力技で出し抜くことができるのです。

動画を舞台にした「新しい戦線」の誕生

Ｎ国党は、ＮＨＫのスクランブル化の実施を公約に掲げたシングル・イシュー政党といえますが、放送法四条違反を指摘した「マツコ・デラックス出待ち騒動」（四条には、「放送事業者は、国内放送及び内外放送の放送番組の編集に当たっては、次の各号の定めるところによらなければならない」とあり、二号に「政治的に公平であること」と明記されています）で明らかになったように、恐らくはＮＨＫだけでなく、「公式的マスコミ」に代表される既得権益層にお灸を据える役割を自任しています。つまり、第四の権力といわれるマスメディアに対するカウンターとなることで、自らの政治的ポジションを築こうとしているのです。

立花と「文春砲」とのバトルが改めて浮き彫りにしたのは、ネット上ではいわばマスコミの代名詞ともなった印象操作に対抗するゲリラ戦が本格化し始めたことと、ＹｏｕＴｕｂｅというマスコミを相対化する世界的動画共有サービスを舞台とした「新しい戦線」の誕生でした。これは先のように、「公式的マスコミ」＝オールドメディアvs.「非公式的マスコミ」＝ネットメディアという対立構造で捉えることもできます。従来からマスコミによってあることないことを書き立てられ、スキャンダルの被害を被《こうむ》ってきた側からすれば、この「新しい戦線」で「公式」を隠れ蓑に人権侵害をし続けているマスコミを迎え撃つ好機なのです。また、普段からマスコミの偏向報道、とりわけＮＨＫや民放が政権の顔色をうかがう「御用メディア」に成り下がっている現状では、「公式的マスコミ」＝オールドメディアそのものへの信頼感は消え、逆に「非公式的マスコミ」＝ネットメディアに対する期待が反動的に立ち上がりやすくなります。

例えば、チェリー・ピッキングという言葉があります。

「立花は悪い男だ」という結論を導く記事を書くために、立花の悪行《あくぎょう》や悪評ばかりを取材して「問題の人物」という印象を作り出すことがこれに当たります。一種の詭《き》弁術《べんじゅつ》であり、サクランボの果実を選別する行為が語源で、転じて「都合の良い所だけを示す」「つまみ食い」の意味で多用されています。もちろん、これは立花が自分のＹｏｕＴｕｂｅチャンネルで自己の主張の正当性を表明する際にも起こり得ることです。しかし、今までは「公式的マスコミ」の情報の方が圧倒的なシェアと信憑性を持ち、仮に拡散されたスキャンダルがまったくのデタラメであったとしても本人には勝ち目がほとんどなかったわけです。つまり、裁判によって身の潔白を証明するという多大なコストを支払わなければならなかったわけです。

それが、「非公式的マスコミ」を上手く活用することによって相手の急所を押さえ、むしろ「公式的マスコミ」の欺瞞《ぎまん》を暴いて攻撃を仕向ける余裕までもがもたらされたのです。ＮＨＫに続いてマツコ・デラックス、『週刊文春』という「誰もが知っているマスコミ（の代表者）」をターゲットとしたことに、立花の嗅覚の鋭さを見出すことができます。

オールドメディア＝既得権益としか思えなくなる

ここで注意しなければならないのは、「公式的マスコミ」＝オールドメディアと「非公式的マスコミ」＝ネットメディアでは、それぞれの視聴者・受け手の見ている風景がまったく異なることです。

Ｎ国党の支持層やフォロワーは、立花らがＮＨＫに代表される主要メディアと、それらの「公式的マスコミ」＝オールドメディアの既得権益を守ろうとする人々、または盲従してその情報を鵜《う》呑《の》みにしてしまっている人々に闘いを挑んでいることに共感し、立花が引き起こす騒動の一つひとつを痛快なエンターテインメントとして享受しています。そのような「新しい戦線」としてのＹｏｕＴｕｂｅに多くの時間を費やす「オールドメディアを快く思わず、必要とも感じない人々」の側から見れば、「オールドメディアにどっぷり浸かっている人々」

の姿は、世界観が反転したパラレルワールド、いわば**「鏡の国」の住人**のようなものといえます。何もかもが真逆になっており、どこから突っ込んでよいのかが分からない感じであり、それぞれがまったく別のリアリティを生きているのです。

先に述べたチェリー・ピッキングが典型ですが、有名人のＹｏｕＴｕｂｅ上での発言の一部分のみを切り取って、さも問題発言であるかのように喧伝《けんでん》する報道があります。これはＹｏｕＴｕｂｅでなくとも政治家が非公式の場で喋ったことが原因となり、謝罪に追い込まれたりする不祥事の際によく使われる手口でもあります。しかし、ＹｏｕＴｕｂｅの動画を直接確認する労力を惜しまなければ、むしろ取り上げ方の方が問題であることにすぐ気付きます。録音されていない非公式の場での発言はファクトチェックが困難だったりしますが、ＹｏｕＴｕｂｅがソース元であればスマートフォンなどで検索すれば数秒で照合が可能です。〝マスゴミ〟という俗語に象徴的ですが、そのような偏向報道が日常茶飯事で、またその事実をソース元で確かめることができる環境は、オールドメディアこそが嘘をまき散らす敵であるとの認識を強化します。

さらに、より大きなスケールでは、ノンフィクション作家の本間《ほんま》龍《りゅう》が様々な著書で詳細に例示しているように、日本のテレビや新聞が主として大手広告代理店の電通の影響下にあることから、「原発」や「東京オリンピック」などに関する根本的な批判が起きにくい事情が挙げられます。誇張でも何でもなく、いわば一党独裁国家のような情報統制が行われているのと等しい状況にあるといえるのです。コロナ禍でも、政府が中小・個人事業者向けの「持続化給付金」の給付作業を業務委託している法人が、電通とパソナの「トンネル法人」であったことが波紋を広げましたが、大手メディアはこの事実を追及することにかなり消極的でした。こうした構造は、「公式的マスコミ」＝オールドメディアとは、既得権益そのものであるとの見方をますます強化し、彼らが発信する情報を信じる者は「情報弱者」で、既得権益に支配され続けている奴隷にしか映らなくなるのです。

ＶＯＤの急成長があぶり出すもの

このような構図を踏まえれば、「公式的マスコミ」＝オールドメディアが〝オワコン〟（終わったコンテンツを略したネットスラング。旬が過ぎたもの、流行遅れのこと）としか捉えられない人々にとって、テレビを持っているだけで請求されるＮＨＫの受信料ほど不可解極まるものはないでしょう。近年、日本でも毎月定額で映画やテレビドラマ、アニメなどを見放題で視聴できる動画配信サービス（ＶＯＤ＝ビデオ・オン・デマンド）が急成長しています。Ａ ｍａｚｏｎプライム・ビデオやネットフリックス、Ｕ-ＮＥＸＴ（ユーネクスト）、Ｈｕｌｕ（フールー）などのＶＯＤが普及すればするほど、「観てもいないのに支払いを強制される」アナクロな制度が不条理かつ腹立たしいものに思えて仕方がないのです。実際、ソーシャルメディアではこの種の議論は、何度も繰り返し話題に上っています。消費者としての生活実感からあまりにも乖離《かいり》しているというわけです。これが低成長時代のダメージがより深刻になるにつれて都合の良い搾取《さくしゅ》のシステムにあぐらをかいた「既得権益層への反発」へと直結しやすくなっているのです。

　なお、視点を海外に転じると、日本では議会進出するまでの勢力にはなりませんでしたが、ドイツなど欧州各国でファイル共有ソフトの合法化、著作権法改正などを掲げた「海賊党」は、シングル・イシュー（に近い）政党の前例として参考になります。ちょうど一〇年ほど前、欧州議会選挙に海賊党党首のリカルド・ファルクヴィンゲが出馬し、初めて一議席を獲得して大きな衝撃を与えました。

　もちろん、Ｎ国党と海賊党は政策やスタンスも違っていますが、「時代状況にそぐわない単一の課題の解決」を求める民意に担ぎ上げられた点で共通しています。日本でも少し遅れて、このようなまったく新しい動きが起こっていると考えられます。第一章でわたしたちはすでに「消費者」としてどっぷり染まっており、自分のことを商品やサービスを享受する存在として意識することが多いと述べ、それを**「消費者マインド」**と呼びましたが、ここでも消費者マインドの別の一面がＮＨＫという不可思議なシステムを排撃する原動力になっていることが明らかです。

被害者の立場をアイデンティティとする

Ｎ国党幹事長の上杉隆《うえすぎたかし》は二〇一九年八月一三日、正式に国政政党として発足したことを表明する設立会見で、「トランプ現象の日本での発出」を立花に見ていると述べ、既得権益層に対する「一般大衆のいわゆる一揆」との認識を示しました。

「トランプ現象」の本質は、トランプ大統領の支持層が「トランプ大統領はエスタブリッシュメント（既成の権威や体制）を駆除するための劇薬であり、脅威として存在すること自体に意味がある」と、割と本気で思っているふしがあるところにあります。大統領就任前には世界から総叩きを受けた「トランプ現象」が、今なお決定的に衰える様子を見せない理由は、「トランプがどんなに悪いヤツだろうと、別に構わない。むしろ悪いヤツだからこそ大統領にする意味がある」という支持者のロジックにこそあるのです。なぜなら、それが政治を見当違いの方向に仕向けていた既存の支配体制への「嫌がらせ」になるからです。
　トランプの武器はＴｗｉｔｔｅｒでしたが、立花の武器はＹｏｕＴｕｂｅでした。これまで述べたように、地道な草の根運動によって掘り起こされた票田と、ＹｏｕＴｕｂｅによって掘り起こされた票田の二つの支持層がＮ国党を支えていると推測されますが、ＮＨＫに分かりやすい怒りや不満を抱いている層だけではなく、個人的な不安や鬱屈を解消するためのスペクタクル（見世物）に飢えた、無党派層も取り込むことに成功しているものと思われます。上杉のいう既得権益層に対する「一般大衆のいわゆる一揆」のうち、一定数の割合が彼らのようなガス抜きを切望する層なのです。この点においても「Ｎ国党現象」と「トランプ現象」は少なからず相似形を示している部分があります。これこそが公式的なマスコミ＝オールドメディアと非公式的なマスコミ＝ネットメディア、すなわち既得権益層と「持たざる者」が敵と味方の陣営に振り分けられる「新しい戦線」の実態なのです。有害な情報で人々を汚染する「都合の良い搾取システム」を肯定するのか否定するのか、というわけです。

（批評家の）マクルーハンが予言したように、私たちはいま、政治的にふたたび部族として結束する日々を生きている。部族としてふたたび結束と私が言ったのは、部族的な忠誠心とアイデンティティーは、現代の政治よりも、はるかに長い時間にわたって人類の存在を特徴づけてきたからだ。（ジェイミー・バートレット『操られる民主主義 デジタル・テクノロジーはいかにして社会を破壊するか』秋山勝訳、草思社）

これはジャーナリストのジェイミー・バートレットが**「再部族化行為」**（リ・トライバリゼーション）と名付けた現象です。この場合の部族とは、同じ思想や趣味などで群れる集団を表す**「〇〇クラスター」**とほぼ同義です。なぜ「再部族化」なのかといえば、「大昔の部族」が単に地域に根差したコミュニティにおける結束だったとすれば、「今の部族」はネットという電子空間に根差したコミュニティにおける結束だからです。バートレットは、多くの人々がソーシャルメディアに接する中で、これまでネットを検索しなければ知らなかった情報などに触れて、そこで出会った他者たちと「共通する不平意識」を発見し、その「怒り」が強い連帯意識を生み出している事実に着目しました。「現代においては、人を問わず、誰もが虐げられたり、激高したり、あるいは抑圧されたり、脅かされたりしていると感じて当然の理由を山ほど抱え込んでいる」からだというのです。

たしかに、現在ほど被害者意識を持ちやすい時代はないでしょう。ちょっとネットの大海に漕ぎ出してみれば、「男性」「女性」「若者」「主婦」「外国人」「ＬＧＢＴＱ」などの乱雑なカテゴリー分けによって、自分が属する性別や年齢層、社会的地位、人種的ルーツ、性的指向などが、常時誤解や偏見や特殊な事例に基づいて攻撃の対象にされ、加害者よりも被害者としてのアイデンティティを意識することが多くなってきているからです。これはいわば**「地位をめぐる闘争」**なのです。自己の正当性を声高に主張しようとすれば、まず自分がいかに不当な境遇に置かれ、差別され、人権を侵害されているかを訴え、その負債の弁償を社会全体に、すべての他者に突き付けることが手っ取り早いのです。しかも、それによって「負の共感」が沸き立つように形成され、画面の向こう側にいる誰かとつながりやすくなるのです。これが国内外を問わず政治運動をはじめとするあらゆる領域に浸透してきているのです。

アンチも逃れられない「再部族化行為」

Ｎ国党は、ＮＨＫに象徴される既得権益層の強権・強欲に対する憤りが共有され、「持たざる者」同士がネット上でスクラムを組む中心的な役割を果たすと同時に、立花と支持者・視聴者がともにＮＨＫやマスコミに立ち向かう**「参加型ドキュメンタリー」**の様相をも呈しています。既得権益層には、前述の通り記者クラブに加盟しているNHK以外のマスメディアも含まれています。これらの公式的マスコミ＝オールドメディアと非公式的マスコミ＝ネットメディアの非対称性そのものが、「部族としてふたたび結束する」活路を切り開いた格好といえます。N国党を軸に「既得権益をぶっ壊す」コミュニティが、バートレットのいう「再部族化行為」によって構築され、この戦線で闘うことがアイデンティティを活性化する拠り所となり、自分らしく振る舞うことができる居場所になるのです。

他方、N国党への批判を強める「アンチ」の人々も「再部族化行為」のメカニズムから逃れることはできません。彼らが「ゴロツキ集団」「カルト集団」と呼ぶN国党が政界進出を遂げたことへの強い反発が動機となり、ネットにおける同胞意識の醸成を通じて結集している点では、N国党の支持者と似たり寄ったりだからです。しかも、N国党に対する懸念が「実際上の脅威」よりもはるかに大きなものとして見積もられてしまっていることが重要なポイントです。

たしかに、N国党は、客観的事実を並べただけでも、お世辞にも〝まともな政党〟とはいえません。庶民感覚からも大半の人が同意できると思います。だが、しかし、です。巷間で囁《ささや》かれる「まともさ」とは一体何のことを言っているのでしょうか。昨今の長期政権の腐敗は筆者がここに記すまでもなく、読者諸賢もご存じのように、すでに記者やジャーナリストや学者などが発表した膨大な取材や論考で暴かれています。この場合、安倍晋三前首相および自由民主党は果たしてまともといえるのでしょうか。わたしたちの生活に直接関係する政策決定などを下すことが可能なポジションにいる時点で、彼らの方がN国党の数百倍実害をもたらす圧倒的な脅威であることは間違いありません。ただし、ソーシャルメディアのジャングルにおいては、巨悪はあまりにも対象が大き過ぎて関心が持ちにくいだけでなく、シエアや拡散したくなるスキャンダラスなコンテンツも限られるという理由から、「私人逮捕」の動画など感情を逆なでするコンテンツが多い政党に相対的に矛先が向かいやすいのです。抽象化すれば、オンライン上や身近な場所に赴いて直接何某《なにがし》かの働きかけができる、コントロールをすることができる敵対勢力というところにこそ満足感を得られる可能性があるということです。

また、歴史的な見地も重要です。例えば、かつて日本共産党は、「日本の解放と民主的変革を、平和の手段によって達成しうると考えるのはまちがいである」とする綱領と、「われわれは、武装の準備と行動を開始しなければならない」とする軍事方針を掲げていました（暴力革命の方針を堅持する日本共産党［警察庁］）。つまりそれは暴力革命路線です。それに対してN国党の過激さは、あくまで費用対効果でネット炎上が認知度の向上にプラスに働くよう計算され、演出された過激さであり、非合法活動によって政府を転覆するような種類の過激さは皆無です。恐らく支持者の人々の多くは、意識的にしろ無意識的にしろ、N国党は国政政党としての実績がまだ何もないうえ、過去の非合法政党と比べても実質的な脅威はほとんどないと思っていることでしょう。これには一理あります。現実的に考えれば、国会議員はわずか二人しかおらず、今後も大きく議席を伸ばす可能性は低いからです。これは微小なリスクを必要以上に高く評価するのと同じように、政党としての影響力を過大評価しているに過ぎません。

「人が苛立ち、怒っているときにより多くのお金を生む」

しかしながら、「アンチ」の人々の目は「高性能の望遠鏡」と化します。N国党とその支持者の怒りと、それに対するリアクションとしての怒り——これらがネット炎上の起爆剤となってソーシャルメディアの口コミを促進して前述の「計算され、演出された過激さ」が、顧客獲得を達成する**「バイラル（拡散）・マーケティング」**と同様の機能を果たしてしまうのです。

コンピューター科学者のジャロン・ラニアーは、ソーシャルメディアのビジネスモデルについて、「人々が苛立ち、妄想に取り憑かれ、分断され、怒っているときにより多くの金を生む」システムであると看破しました（ジャロン・ラニアー『今すぐソーシャルメディアのアカウントを削除すべき10の理由』大沢章子訳、亜紀書房）。**「エンゲージメント」**（結びつき）という言葉は、まさにその核心を指すものです。ある投稿や記事に対する「いいね！」「シェア」が増大することは、ネットビジネス業界では「エンゲージメントが高まる」という言い方で表現されることが多いのですが、そこでは「バズること」も「炎上すること」も等価な現象となってしまうのです。

　ラニアー的に言えば、「支持者」と「アンチ」の両者は、「炎上が金を生む」ソーシャルメディアのいびつなビジネスモデルを否定しない、という点で実のところ〝共犯関係〟にあるのです。他の何にも増して注目されることを至上命令とする経済原理のことを**「アテンション・エコノミー」**（関心経済）と言いますが、短時間で多くの関心を集めることができて広告主とプラットフォーマーとインフルエンサーが潤えば良いとする、公共性というものから何光年も隔たった反社会的な側面を持っていることに警戒が必要です。

　マスメディアが適切な情報発信を行っていれば、あるいはソーシャルメディアがもっと良識的な仕組みであれば、ポピュリズム的な動きが台頭することはなかったという見方がありますが、これはあまりに素朴過ぎるでしょう。

有権者にまっとうな情報を与えればまっとうな候補者が選ばれると考えるのは誤りです。それは「ゆとりのある中間層」が多数派であった時代にしか通用しない幻想です。さらに、そのような時代には、ネットがまだわたしたちの生活を支配するインフラではなかったことが抜け落ちています。公平性が貫徹されず、弱肉強食となった社会において、人々が不安や不満の感情に引きずられないようにするのは至難の技といえます。

そこで、政治的なデジタルコミュニティの出番となるわけです。注目に値することがすべてであるネットの海原に現れた海坊主のごとき過激なアジテーター（扇動者）が、分かりやすいロジックで不安や不満の感情のはけ口を提供するのです。「自分たちがもらえたはずのパイを奪って、のうのうとふんぞり返っているのは誰か？」「労せずして巨大な資本や特権を享受している既得権益層に決まっている」と――。

既得権益層による悪事が日常的に露呈していく情報環境の下で、このような抗《あらが》い難い誘惑に打ち克つ見込みがあるのは、第一章や第二章で言及したように、安定した生活から生まれる「自尊感情」の回復しかありません。ただ、この実現はほとんど不可能に近いでしょう。

極論を言えば、今後は数多のデジタルコミュニティが人々の自尊感情のささやかなオアシスにならざるを得ないからです。そこには当然過激な思想や主張を持つものも出てくるでしょう。手っ取り早く自尊感情を補おうとするその拙速さゆえに、デジタル部族間同士のリモート抗争へと雪崩れ込んでしまうのです。

脅威に対する「遠近法の崩壊」

このまま「再部族化行為」が氾濫し続け、アテンション・エコノミー（関心経済）がもてはやされ続けると、N国党に対する懸念のように「実際上の脅威」よりもはるかに大きなものとして受け取る態度が先鋭化し、脅威の対象そのものについての**「遠近法の崩壊」**が起こる恐れがあります。これはどういうことでしょうか。

脅威の対象そのものについての遠近法の崩壊とは、一言で言い表すと、従来であればあり得たはずの脅威に対する判断基準が機能しなくなってしまう状況です。あなたがアフリカのサバンナにいるとしましょう。大きな川の向こうにライオンの群れがいます。あなたはライオンの群れに脅威を感じて、遠くの景色にばかり気を取られてしまいます。本当の脅威は足下を這っている毒蛇であったりするのですが、それにはまったく気付かず、「川を渡ってくることはないライオン」の方に恐怖を覚えるような心理状態です。あなたが会社員であれば、仕事での大きな失敗や家族との関係悪化は、わが身に差し迫った「実際上の脅威」と言えます。しかし、こうした物理的に距離が近い現実よりも、ソーシャルメディア上での不愉快なリプライや会ったこともない外国人の意見のような「情報空間における脅威」の方が自分ごとであると感じられ、激しく感情的な反応をしてしまうことです。このような感受性に身に覚えがある人も多いかもしれません。

　具体的なエピソードを紹介しましょう。

　Ａさんはとある政府系シンクタンクの職員で、推定年収は六〇〇万円。人当たりの良いおとなしいキャラクターで、妻子持ち。ワインとボードゲーム好きで、ほどほどに社交的な性格です。普段の生活もどちらかといえば仕事熱心で、また大学の同期たちとは月に一回飲み会を開くなど、傍《はた》から見れば特に問題があるような人物には見えません。

　しかし、数年前、Ｔｗｉｔｔｅｒであるタレントのアカウントに悪質なリプライを送り続け、さらにそのタレントの発言を支持するファンの何人かともケンカになったのです。相手に直接ＤＭ（ダイレクトメッセージ）で暴力行為を匂わせるようなメッセージを送り、それをスクリーンショットで撮られて拡散されたりもしました。訴訟をちらつかされ、目が覚めたそうです。現在は、ＴｗｉｔｔｅｒもＦａｃｅｂｏｏｋも止め、もっぱらＩｎｓｔａｇｒａｍで食べ物や観光地の写真をアップする程度だといいます。

興味深いのは、Ｔｗｉｔｔｅｒで問題行動を起こしていた際の状況です。

会社で同僚の出世が相次ぎ、内心かなり傷ついていたことと、子どもの進学をめぐって妻と対立していて、最終的にはＡさんが折れたものの、実はまったく納得できておらず、鬱憤が溜まっていたというのです。しかも、これらのことを気軽に相談できる相手もなく、かえって誰にも弱みを見せられないとの思いの方が強かったといいます。

気が付くと、Ｔｗｉｔｔｅｒ上で不適切な発言をしたタレントの炎上騒動に便乗して、リプライや引用リツイートをして罵詈雑言《ばりぞうごん》を吐き、個人攻撃するのが楽しくなっていたのです。多いときはリプライに数百のリツイートやいいね！が付くこともありました。ちょっとした罵倒のリプライで、タレントが本気で怒り出すのが痛快だったそうです。仕舞いには仕事の最中も、スマホに表示される通知が気になり、自然にＴｗｉｔｔｅｒアイコンを押してしまうようになったのです。食事中もトイレのときも関係がなく、暇さえあればＴｗｉｔｔｅｒの画面を開いてしまい、真夜中にベッドに入っても、自分のリプライがどうなったかが気になって、なかなか寝付けなくなりました。見ず知らずの相手が投げ掛けてくる嘲笑的な言動

——リプライの応酬——に腹が立って仕方がなかったのです。

これは、わたしたちが抱えている脅威の対象そのものについての「遠近法の崩壊」の一例を示しています。

「自分の感情を逆なでする忌々《いまいま》しい存在」

オンラインライフの想像を上回る弊害の正体は、一人ひとりの現実の生活圏を取り巻く今ここの出来事よりも、「地球の裏側で起こったテロ」「隣国との外交関係の悪化」「極端なヘイトグループの言説」といった物事の方が、より激しく自分の心をかき乱す対象として感じられてしまうことなのです。つまり、この「遠近法の崩壊」によって様々な社会問題についての重要性を推し量る**「優先順位のカオス」**（混沌）がもたらされる可能性が高まるのです。

Ｎ国党現象に引き寄せてみると、「ＮＨＫをぶっ壊す」というフレーズに込められた既得権益層への反発と、例えば消費増税や緊急事態条項の創設といった昨今の政権への反発が同一平面上に並べられ、「生活圏における脅威」＝実際的な脅威があるかどうかよりも「情報化された脅威」＝主観的な脅威を感じる出来事、ピンポイントの政治的イシュー（争点）が望遠レンズによって拡大されるのです。少し引いた視点で見れば、現在権力を握っている与党による消費増税や緊急事態条項の創設などの方が明らかに直接生活に影響を及ぼす問題ですが、もはや視野に入らなくなるのです。国会にわずか二議席しか持たない弱小政党に「民主主義の危機」を見出して大騒ぎするのも、同様の望遠レンズ効果によって「優先順位のカオス」が起こっていると考えられます。

けれども、「皆にとって正しい優先順位」などというものは存在しません。前出のバートレットが言うように、「誰もが虐げられたり、激高したり、あるいは抑圧されたり、脅かされたりしていると感じて当然の理由を山ほど抱え込んでいる」からです。その肝心の中身は個人ごとに驚くほど異なってはいますが、ネット上で重大事として可視化され、感情的に共有されることで神聖不可侵なものとして肯定され得ます。ソーシャルメディア上では、社会問題や権力そのものではなく、**「自分の感情を逆なでする何か忌々しい存在」**、それが最も重大なイシュー（争点）になります。恐らくN国党に対するバッシングによって一番得をするのは、意図せずして関心をそらせる現政権ではないでしょうか。このような世界に投げ込まれているわたしたちには、「遠近法の崩壊」は多かれ少なかれ避けられない身の上であることを重々承知しながら、ネット空間とデジタルデバイスの心理的な引力から上手く距離を取るバランス感覚が必要なようです。

わたしたちがネットを生息地の一部にしている以上、難易度の高い綱渡りが常に求められていることを忘れてはいけません。

第五章

兵器化するソーシャルメディアと政治の終わり

世界で最も影響力のある国家から、最も小規模な炎上合戦の戦闘員まで、現在の戦士は全員、しばしば重なり合う自国と自分個人の戦争において、ソーシャルメディアを兵器に変えてきた。全員がグローバルな情報環境を都合よく利用しようとして戦っている。かつては人と人とがつながる気軽で開かれた空間だったインターネットが、現代の商取引の神経システムと化してきた。同時に、情報そのものが兵器化される戦場に変貌を遂げてもいる。（P・W・シンガー／エマーソン・T・ブルッキング『「いいね！」戦争　兵器化するソーシャルメディア』小林由香利訳、NHK出版）

コロナ禍が暴いたマスコミの劣化ぶり

「コロナ禍は人間性を判定するリトマス試験紙だった」――筆者は、新型コロナウイルス感染症のパンデミックで混乱する状況下で、このような趣旨の記事をいくつかのウェブ媒体で発表しました。当然、判定される対象にはマスコミ関係者も含まれていたのですが、そのように受け止めるマスコミ関係者は驚くほど少なかったと記憶しています。なぜなら、報道姿勢そのものにさしたる変化が起こらなかったからです。

例えば、**「新しい生活様式」「ニューノーマル」**という言葉――まるでジョージ・オーウェルのディストピア小説『一九八四年』に登場する「ニュースピーク」（国民の語彙や思考を制限し、党に反する思想の根絶を目的とする新言語）のようですが、これがウィズコロナ時代のわたしたちが適応すべきライフスタイルのお手本だと謳《うた》っているわけです。コロナ禍では数々のニュースピークが政府などの為政者の側によって創作されました。**「自粛要請」「3つの密」「クラスター」「濃厚接触」「オーバーシュート」**……レインボーブリッジと都庁を赤く光らせ、その他の具体的な施策から注意を逸らした**「東京アラート」**もこれに含まれるでしょう。為政者がこれみよがしに新しい言語を用いる場合には、必ず不都合なものを覆い隠す機能を伴っています。しかし残念ながら、多くのメディアはその言葉の意味やそれによって何かが書き換えられたり、もみ消されたりしていることを察知し、批判的な視点で取り扱うということをほとんどしませんでした。

このようなマスコミの劣化ぶりがさらに露呈し、ポピュリズムが暴走する余地は以前とは比べものにならないほど高まっています。

大阪府知事の吉村洋文《よしむらひろふみ》をめぐる在阪メディアなどの〝祭り上げ方〟が象徴的です。

コロナ禍において政府の経済的な損害に伴う補償が遅々として進まず、感染拡大防止についても検査体制の不備などが際立つ中で、相対的に東京都や大阪府の対応が「まし」なものに映っただけというのが真相でした。しかし、両知事はこれをポピュリズムを発揮する好機とみて大いに活用したのです。

いちいち引用はしませんが、一般紙の多くは吉村の独自の政策を、半ば安倍政権や厚生労働省などの官僚批判の材料に使い、その妥当性を吟味することなく持ち上げる記事を書いていました。果ては「記者団の質問に毎日応じている」「ＳＮＳで自ら発信している」「意思決定が素早い」「次の首相は吉村か」云々かんぬん……これは報道機関としてあまりにも劣悪でした。

「やってる感」のあるリーダーシップ

決定的だったのは、そんな吉村の健闘ぶりを称え、励まそうとしてネットユーザーが作ったＴｗｉｔｔｅｒのハッシュタグ「＃吉村寝ろ」がトレンド入りしたことです。

吉村は、この呼びかけにすかさず「ちゃんと寝てます。しんどいのは府民、国民の皆様の方です」とツイートしました。そして「橋下さんの言葉を借りれば、政治家は使い捨てでいいんです。この先、さらに厳しい状況になるかもしれませんが、国難を一致団結して乗り越えましょう」などとへりくだってみせるのでした。

ソーシャルメディアがアテンション・エコノミー（関心経済）における最有力のツールと化す世界において、「＃吉村寝ろ」は、政治家とネットユーザーの間に非常に強力な「エンゲージメント」（結びつき）を作り出したことを表しています。「ポスト・トゥルース時代」の政治家と民衆の感情的な結束を生じせしめた好例といえそうです。

事実、産経新聞が五月九～一〇日にＴｗｉｔｔｅｒに投稿された「知事」などの用語を含むツイート約二万二千件を解析したところ、三割が吉村に関する投稿、六七％が好意的な内容となり、群を抜いてネットユーザーから注視されていたことが分かりました。なお、ポスト・トゥルースとは、「客観的な事実などよりも、感情に訴えかける虚偽の情報が影響力を持つ」状況を指していますが、かつて大阪維新の会が大阪市立環境科学研究所（環科研）と大阪府立公衆衛生研究所（公衛研）を統合・独立行政法人化したことによって、コロナ禍への対応に支障を来たした可能性（「【新型コロナ】大阪市の保健所は僅か一カ所　住民の健康は身近な行政でこそ守られる」大阪府保険医協会／二〇二〇年三月五日）などよりも、一見**「やってる感」**のあるトップダウンによる強力なリーダーシップに惹き付けられるのです。これもポスト・トゥルース的な作法の結果といえそうです。

人気ＹｏｕＴｕｂｅｒとのコラボを成功させた小池百合子にもこれが当てはまります。

「密です」――四月九日に内閣府で報道陣に対して小池が行った発言が、ネット上で急速にミームとして増殖し始めました。小池が密集する報道陣に向けて距離を空けることを求めて「密です」と連呼する様子が、ソーシャルメディアで話題になり、動画やイラスト、果てはゲーム（空飛ぶ都知事が密集団を解散させる「密です３Ｄ」）にまで進化しました。九日といえば、都内で新たに一八〇人以上が新型コロナウイルスに感染していることが確認され、その時点では過去最多という極めて緊迫した状況でした。しかも、発熱が四日以上続きコロナが疑われる人が保健所に電話してもまったくつながらない悪夢が現出していました。

たとえば、五月一三日に二〇代の若さで亡くなった大相撲・三段目の力士、勝武士は四月九日、容体が悪化したため、別の大学病院へ転院しました。四月四日に三八度台の発熱があり、親方らが保健所に電話をかけ続けたがつながらず、その後複数の病院に断られ、八日に熱が下がらず血痰が出たので救急車を呼んだといいます。それでも受け入れ先の病院はなかなか決まらなかったのです（勝武士、高熱も保健所につながらず　区長「調査に協力」「新型コロナウイルス」朝日新聞デジタル）。公にはなっていませんでしたが、ほぼ同じ日に、ＩＣＵ（集中治療室）で人工呼吸器を装着していたのは女優の岡江久美子でした（四月二三日に肺炎により都内の病院で亡くなった後に所属事務所が経緯を公表）。これらは都内で相次いだ悲劇の一端に過ぎません。

このように、東京オリンピック・パラリンピック開催などに固執して初期対応が遅れ、政府や自治体の失策による被害が水面下で着実に拡大していたにもかかわらず、ポスト・トゥルース的な感覚が優越するアテンション・エコノミー（関心経済）は、ポピュリズムを支援し助長する役目に徹してしまうのです。「＃吉村寝ろ」も「密です」も、ネットユーザーが自発的にやり始めたというところに事の重大性があります。「検査は受けられません。いくら言っても無駄ですよ」という保健所の無慈悲な対応（私はこうしてコロナの抗体を獲得した《前編》保健所は私に言った。「いくら言っても無駄ですよ」佐藤章、論座）よりも、可愛いと評判の「百合子マスク」から発せられる**「いのちを守るSTAY HOME週間」**という空疎なスローガンが響いたのです。ポストコロナ、ウィズコロナ時代において、ますますソーシャルメディアという文明の利器は、ポピュリズムの心強い味方となっているのです。

「テラスハウス事件」が明らかにしたこと

「一匹の妖怪がデモクラシーの地を徘徊している。強い男（あるいは強い女）という妖怪が」と言ったのは社会学者のジグムント・バウマンでした。バウマンは、威勢の良い空約束こそが多くの人々を魅了していると指摘しました。

> 強い男や強い女を自称する人間の持つ魅力は、たとえ彼らの当面の唯一の行動が話したり語ったりすることであっても、行動すると誓っていることにある。さらにその魅力は、彼らがよく話したり語ったりしていることこそ、彼らが他のやり方でできることであり、他のやり方が存在するという事実にある。ようするに、彼らこそその他のやり方であり、結局のところ、そうした強い男や女の持つ人を魅了する力はすべて、その誓いや主張がまだ実行に移されていない点にある。（ジグムント・バウマン『自分とは違った人たちとどう向き合うか　難民問題から

考える』伊藤茂訳、青土社）

　ここでも重要なのは、メディア映えする演出であり、所作なのです。「行動すると誓っていること」こそが可能性の源泉であり、「その誓いや主張がまだ実行に移されていない」からこそ持ち上げる意味があるというのです。このいまだ達成されていない余白とは、個人では背負えないほどの負担や責任に疲弊し、不安や恐怖から逃れようとする人々にとっての避難場所の別名です。それゆえ、「強い男や強い女を自称する人間」に対する支持と期待が淡いながらも惰性のごとく持続します。加えて、マスコミが公器としての自覚を失い、目先の視聴率やＰＶ至上主義へと傾倒することで、彼ら彼女らの魅力はいや増し、近い将来、**「巨大なポピュリズム爆弾」**が生み出される下地を準備することになるでしょう。

　いかなる巨大なポピュリズム爆弾も、行き場のない卑小な憎悪の集積から始まります。

　一例として、リアリティ番組「テラスハウス」（フジテレビ系、ネットフリックスで配信）の出演をきっかけに誹謗《ひぼう》中傷が相次ぎ、死に追い込まれた女子プロレスラー、木村花の事件にその萌芽を見出すことができます。言うまでもなく匿名で個人攻撃を行ったネットユーザーに最大の責任がありますが、この問題の本質は、ローコストで人々の注目を集めて利益を上げたいコンテンツ制作サイドの強引な手法と、感情の拡散・増幅装置であるソーシャルメディアの特性が最悪の形で組み合わされて顕在化した悲劇という面にあるからです。

彼女がソーシャルメディアで誹謗中傷されるきっかけになったのは、番組内での「素行」だったといわれています。とりわけ自身のプロレス用衣装を同居の男性に勝手に洗濯され、傷んでしまったことに対して激怒したエピソードがきっかけだったようです。彼女は「一緒に住むんだったら、人のこともっと考えて暮らせよ。限界だよ、もう」と嘆息。「本当ごめん。〝ごめん〟しか言えない」と繰り返し謝る男性に、「ふざけた帽子かぶってんじゃねえよ」と男性の帽子を掴んで投げ落としたのです。男性がその後退去したことも手伝って、ソーシャルメディア上で批判の声が殺到。陰湿な個人攻撃へと発展しました。

感情にリアルかそうでないかの線引きはない

このような一般の人々の生活とは直接的に何の関係もない、制作者の意図や作為によってコントロールされた、つまりはメディアによって創造された虚像に対して、少なくないネットユーザーがソーシャルメディアの個人アカウント目掛けて「消えろ」「死ね」の大合唱を行ったのです。まず、大前提として「やらせ」がまったくないリアリティ番組というものはあり得ません。場所やメンバー、ルールやシチュエーションなどの設定自体が制作サイドで用意されている場合がほとんどで、隠しカメラを含む複数のカメラが入り込み、凝った編集が施されている時点で、すべてが「虚構」に様変わりするのです。

分かりやすくいえば、「テラスハウス」という虚構を支持する「共感の輪」が、そのままバッシングの包囲網となって彼女に襲い掛かったようなものでした。これは人気連載が主人公の死で打ち切りになったために、作り手がファンから批判を浴びる構図によく似ています。

心理学者のポール・ブルームは、このような共感に基づく関心が一つの物事に集中し、それ以外が見えなくなる現象を**「スポットライトとしての共感」**と呼び、「スポットライト的な性質を持つ情動は、共感に限られない。怒り、罪悪感、恥、感謝の念などの情動も、共感に類似する」と主張しました（ポール・ブルーム『反共感論　社会はいかに判断を誤るか』高橋洋訳、白揚社）。

ブルームは共感を二種類に分けます。「情動的共感」と「認知的共感」です。情動的共感は、無意識的なもので「他者の心の中で起こっていることを自分も感じること」、認知的共感は、「他者の心の中で起こっていることを感情を差し挟まずに理解すること」を指しています。

ブルームがとりわけ問題視するのは「**情動的共感**」です。

普段の日常生活で身内などを思いやる分には害は少ないのですが、道徳的な課題や政治問題など公共政策を考える場面では害が大きくなるというのです。なぜなら前述した「スポットライト」の効果によって、問題の焦点そのものが狭まり、残りの暗がりにある様々な事情が見えにくくなるからなのです。

> この効果はまた、私たちが持って生まれた感情について、より一般的なことを教えてくれる。つまり、それらが数的感覚を欠いていることを。私たちの関心が特定の個人の苦難に関する思考によって駆り立てられているのなら、一人の苦難が1千人の苦難より重要と見なされるような倒錯した状況を生み出し得る。(同前)

「共感のスクラム」は、たとえリアリティ番組という「虚構の出来事」であっても、その個人レベルの感情への波及度合いに応じて過激化します。そうなると、中立的な立場から突き放して分析することすら非難の対象になりかねず、自由な議論は萎縮し、怒りや不快感といった感情に基づくバッシングが容認されるようになるのです。なぜなら、出来事にリアルかそうでないかの線引きがあったとしても、感情にリアルかそうでないかの線引きはないからです。すべての感情、なかんずく強烈な感情にこそ、最も自分に関係するリアルが宿るからです。

メディアの虚像に嘲笑を浴びせる「憎悪経済」

かつて筆者は、これをオーウェルの小説『一九八四年』の言葉をもじって**「自発的な二分間憎悪」**と名付けました（真鍋厚『不寛容という不安』彩流社）。

『一九八四年』の舞台は一党独裁の全体主義国家オセアニアです。そこでは、党員（国民）たちは毎日決まった時間にホールに集合し、巨大なスクリーンの前に座って、「人民の敵」であるエマニュエル・ゴールドスタインや「敵国」であるユーラシアの軍隊などの映像に向けて、思い付く限りの怒りや非難の声を投げ付けなければなりません。要するに、この行事によって一人ひとりの党員の党への忠誠心を確かめるというわけです。これが「二分間憎悪(Two Minutes Hate)」です。

恐るべきことに、わたしたちは思想警察など存在しない時代に生きているにもかかわらず、誰に強制されるわけでもなく、巨大なスクリーンの代わりに、スマホの小さな画面に向かって、人民の敵ならぬ「メディアが作り出し、押し上げた虚像」に呪詛を吐き、嘲笑を浴びせては、憂鬱で退屈な日常をやり過ごそうとしているかのように見えます。それは、誰が敵かを指し示す国家権力の意図などとはまったく無関係に、ネットユーザーが「自発的に行う『二分間憎悪』」そのものです。ターゲットとなる虚像は、タレントや政治家、インフルエンサーからフェイスブックの友人まで例外はありません。アテンション・エコノミーが作り出すエコシステムに、程度の差こそあれ人生を支配されているのです。これこそが巨大なポピュリズム爆弾を作り出すために必要となる、あまりにも人間的な憎悪の原産地の偽らざる実態です。

原義の「二分間憎悪」は、「二分間」で終わる瞬間的なものですが、昨今の「自発的な二分間憎悪」は、オンラインライフの深化とともに時間が延長され、「二四時間憎悪」ともいうべき憎悪の対象の特定化への道を突き進んでいます。これを「二分間憎悪から個人憎悪へ」という転換として言い表すことができると思います。現実の社会に実りを感じることができず、無意識にスマホばかりに没頭する人々が爆発的に増え、ネット上ではかつてないほど相互監視が行われています。ファクトチェックなどないまま感情を逆なでする情報ばかりが飛び交い、いち早くそれに過剰反応していくことで、人々は自らを奮い立たせ、自己の正当性をアピールする機会を得るというわけです。ソーシャルメディア上で見ず知らずの他人にケンカを吹っ掛けたり、罵詈雑言を浴びせたりするのは、人生に対する数多の不満や不安への反発である以上に、その人がアテンション・エコノミーへの適応を遂げ、その奴隷となってしまっていることを意味します。この場合の「個人憎悪」とは、無数のアプリによって構成されるオンラインライフという現実を、「至上の現実」として生きることが常態となってしまい、それが事実上、主観的な好悪を劇的に昂進《こうしん》させる心理試験と化しつつあるにもかかわらず、自己を内省する契機を欠いたまま没入してしまう中毒状態のことです。これによって回る経済は、アテンション・エコノミー（関心経済）というよりは、ヘイト・エコノミー（憎悪経済）と呼ぶ方が真実に近いでしょう。無限に敵を作り出し、敵を叩いているときだけ「間が持つ」のです。これが卑小な憎悪の蓄積と呼ぶ所以《ゆえん》です。

「傍観者全員が戦闘員になり得る世界」

「世界で最も影響力のある国家から、最も小規模な炎上合戦の戦闘員まで、現在の戦士は全員、しばしば重なり合う自国と自分個人の戦争において、ソーシャルメディアを兵器に変えてきた」――こう述べたのは、Ｐ・Ｗ・シンガーとエマーソン・Ｔ・ブルッキングです。彼らは「デジタルの小競り合いがことごとく『戦争』であり、傍観者全員が戦闘員になり得る世界」であると断言します。もはや安全地帯はどこにもないということなのです。具体的には、「五つのコア原則」を掲げており、**①インターネットは思春期を過ぎた、②インターネットは戦場と化している、③インターネットは戦場の戦い方を変える、④この戦闘は「戦争」の意味を変える、⑤誰もがこの戦争の一部だ**――とまとめています。

　対立する陣営とは、「際限なくメッセージを拡散し続け、心理操作とアルゴリズム操作の腕を競い合う」こととなり、ネット上では、「見るもの、いいと思うもの、シェアするものすべてが、情報戦の戦場の小さなさざ波を象徴し、戦っているどちらか一方を支持することになる」のです。気付かないうちにどちらかの陣営に加担しているということがいつでも起こり得るのです。

　Ｙａｈｏｏ！ニュースのコメント欄への書き込みから、フェイスブックに投稿された記事のシェアに至るまで、あらゆるオンラインアプリが兵器と化し、すべてのネットユーザーが戦闘員とみなされる世界なのです。すでにわたしたちは、リアルタイムで現れては消えゆく膨大な「縄張り争い」「争奪戦」に関わっています。検察庁法改正案をめぐる抗議運動が最新の例でしょう。三〇代の女性会社員がＴｗｉｔｔｅｒ上で最初に**「#検察庁法改正案に抗議します」**というハッシュタグを作り、「右も左も関係ありません。犯罪が正しく裁かれない国で生きていきたくありません」などとつぶやいたところ、同様のハッシュタグを用いて五〇万回以上ツイートされ、リツイートも含めると五〇〇万回を超え、「ツイッターデモ」として大手メディアなどで取り上げられたのです（「『#検察庁法改正案に抗議します』本当はどれだけ参加したの？」毎日新聞）。このような動きに反対する「#検察庁法改正案に興味ありません」というハッシュタグが、別のネットユーザーによって作られ保守系の人々を中心に拡散され、ほぼ同時にＴｗｉｔｔｅｒのトレンドに入りましたが、前者のハッシュタグの勢いが圧倒的であったため、「情報戦の戦場」から退却を余儀なくされていきました。ただし、「情報戦の戦場」で勝利を収めることができるのは、言うまでもありませんが、「正しい者」ではなく「共感のスクラム」を大きなうねりに変えることができた者なのです。しかも、発起人の女性が「『もう疲れたよ』というのが正直なところ」（黒川辞任・法案成立見送りにツイッターデモ「発起人」女性が激白「私の行為を引き継いでほしい」週刊朝日　ＡＥＲＡｄｏｔ．）と吐露しているように、持続的な社会運動といった側面は皆無の「短期戦」であり、Ｔｗｉｔｔｅｒ上で完結する「ハッシュタグ戦争」なのです。

選挙ですべてが変わるというファンタジー

ヘイト・エコノミー（憎悪経済）を基盤とする「『いいね！』戦争」は、前述の「個人憎悪」へと流れやすい特性を併せ持っていることから、政治家――上は安倍晋三前首相から下は名もない町議まで――のソーシャルメディアのアカウントに対する攻撃を促します。これは嫌がらせや悪意のあるリプライやメッセージを送りつける行為自体への懸念といった単純な話ではありません。「#検察庁法改正案に抗議します」という「ハッシュタグ戦争」の動機付けが、国家が適正な手続きを行っているかどうかを監視するという普遍的な問題意識からではなく、どちらかといえば安倍晋三や東京高等検察庁検事長（当時）の黒川弘務に対する「個人憎悪」に発した趣きがあり、「テラスハウス」の彼女とまったく同様に、ネット上からアカウントが削除されるがごとく、現実にも「抹殺される」ことを期待している気分すらうかがえたからです。まるで〝呪殺〟です。

このような乱暴なショートカットの背後には、政治家の場合はとりわけ選挙に対するあまりにナイーブな考え方があります。次章でも類似の議論を展開しますが、いわば選挙結果によって、すなわち首長が変わることによって社会のすべてが変わるかのようなマジカルな思考です。これは第一章で述べた消費者マインドとは少し違います。選挙によって、政治家主導によって、社会変革が成し遂げられるという一種のファンタジーです。当たり前ですが、社会というものはどちらかといえば、政治とは直接無関係な領域から成り立っています。また、歴史的に見ても、いつの時代も社会変革というものは漸進《ぜんしん》的なもので、一夜にして成就されるようなものではありません。現在、町づくりなどを率先して行っている人たちがいますが、行政に頼ることなく（行政そのものが設けている制度が障害となっている場合を除き）自分たちでアイデアや人手を出し合って、無理のない相互扶助の体制を作っているケースが大半です。彼らは社会というものを、まずは自分たちの手が届く範囲から良くしていこうと思っているのです。これは真っ当なリアリズムに基づくものです。たかが一度や二度の投票行動などで社会が変わらないことを知っているからこそ、自分に何ができるかをしっかりと考えたうえで、自分が住んでいる地域、あるいは働いている職場で「スモールな社会変革」を実践しているのです。これは決して選挙を軽視しているわけではなく、政治の限界を弁《わきま》えたうえで選挙運動に参加し、ローカルな単位での社会変革も進めていく立場です。しかし、コミュニティ的な所属がなく、社会的に孤立し、仲間内というものに与《あずか》れていない人ほど、政治家の強権発動によって社会が一挙に救済される夢を見るようになります。その発想の逆バージョンが「敵認定」した政治家を引きずり下ろすことで社会が一挙に救済される夢を見ることなのです。どちらも同じ穴のムジナです。

「政治家を引きずり下ろす政治家」待望論

他方、このようなヘイト・エコノミー（憎悪経済）を基盤とする「『いいね！』戦争」の氾濫が、かえって「政治的無関心」「政治離れ」に拍車を掛ける恐れがあります。

朝日新聞社が参院選直後の二〇一九年七月に実施した世論調査で、低投票率の理由を尋ねたところ、「投票しても政治は変わらない」が最多の四三％に上りました。次いで「政治に関心がない」が三二％を占めました。一八～二九歳の若年層に限ると、その割合は逆転して前者が三八％、後者が四八％と無関心が上回りました（「『政治変わらぬ』最多43％　参院選、低投票率の理由　朝日新聞社世論調査」朝日新聞デジタル）。

ネット上の政治闘争を見聞きしてうんざりした無党派層にとっては、元々あった「政治に関わることは不毛で、かつ時間のムダ」という意識をさらに強固にしたことでしょう。政治的な立場を表明すること自体が、ネット空間、ソーシャルメディア上では嫌がらせや誹謗中傷、攻撃の理由になるからです。それだけではなく、ほどなく「情報戦の戦場」で傷つき、疲弊して、心底絶望して離脱する人々も続々と現れます。そのようなサイクルが繰り返されるとどうなるかは明白です。貴重な可処分時間の使い道を吟味することを考えると、目の前の「政治腐敗の追及」よりも「タピオカの人気店」を、目の前の「ハッシュタグ戦争」よりも「人気ＹｏｕＴｕｂｅｒの最新動画」を選ぶのがベターとなるでしょう。そして、もはや何の役にも立たない選挙制度などを含めた民主主義のシステムそのものが、民意の邪魔をしているボトルネックにしか感じられず、この際それを捨て去ることが最良であるかのようにも思えてくるのです。そのため、**「政治家を政治の舞台から駆逐する政治家」**を待望する風潮はむしろ次第に強まってゆくのです。これは「政治的無関心」「政治離れ」ゆえの大いなる倒錯といえるでしょう。すでにその兆候は観察することができます。

二〇二〇年七月の東京都知事選への出馬が囁かれていた実業家のホリエモンこと堀江貴文は、そのような人々の受け皿となる可能性が十二分にありました。堀江の著書『東京改造計画』（幻冬舎）には冒頭から都知事の小池を「選挙に勝ちたいだけの自己保身の『政治屋』が当選したところで、思い切った仕事なんてできるわけがない」「言いっぱなしの公約がどうなったのか検証されない政治家とは、ずいぶんとお気楽な商売だ」と痛烈に批判します。軽蔑の意味が込められた「政治屋」とは、「政治家であることそのものが自己目的化し、政治家が本来果たすべき使命をまるで果たせていない」政治家のことを指しています。一般人から比べて高い報酬を得ているにもかかわらず、知事や議員のポストにしがみつくことに注力し、ひたすら当たり障りのない政治家を演じ続けようとする人々。これが庶民の目から見て、道義的に許されない存在であることを代弁しています。「政治的無関心」「政治離れ」を公言する人々であっても、このような特権的地位をひたすら享受するだけの「政治屋」は、憎悪の対象とすべき税金泥棒のように映ることでしょう。

「政治は終わった。後はテックが解決する」

東京都への緊急提言三七項を見ると、「学校解体で子どもの才能を解放する」「大麻解禁」「ＱＲコードで投票できる」「東京都をオール民営化」「限りなく生活コストを下げる」などの文言があります。ここには、ある種のテクノユートピア的な理想世界が描かれています。例えば、家賃が限りなくゼロで住める「都営シェアハウス」を各所に開設し、働かなくても遊んで暮らせる若者や高齢者の居場所を作ると豪語しています。そこでは、ＡＩとロボットの技術が進めば進むほど、人間が汗水垂らして働かなくても機械が働いてくれるだろうというテクノロジーによる課題解決が期待されています。堀江は、そのとき、いかに充実した

「暇つぶし」ができるかがポイントだと述べます。

> もはや衣食住のために働く必要はない。生きていくためのコストはいくらでも下げられる。
>
> 老いも若きもゲームやエンタメ、スポーツを楽しむ。
>
> 「仕事が遊び、仕事が暇つぶし」。そんな幸福度の高い生き方を実現するためのセーフティーネットを充実させる。
>
> これから僕たちがやるべきことは「労働」ではない。「遊び」だ。
>
> （堀江貴文『東京改造計画』幻冬舎）

（政治が機能不全に陥っているがゆえの）「政治的無関心」と（政治を終わらせるための）「再部族化行為」はヤヌスの二つの顔というわけです。

つまり、現状に対する絶望が深まれば深まるほど、「人が統治する民主主義による解決」より**「テクノロジーによる救済」**が魅力的なシナリオとして浮上するのです。仮に利権と排除に塗《まみ》れた福祉行政をベーシックインカムに一本化し、ＡＩ技術などによって健康で文化的な生活が送れるようになるのであれば、政治家の出番、役人の出番は不要といった極論まですんでのところでしょう。「もう政治の役割は終わった。後はテックがすべてを解決する」というわけです。

歴史学者のユヴァル・ノア・ハラリは昨今、政治制度をデータ処理システムとして解釈するようになってきていると述べ、独裁制は集中処理、民主主義は分散処理の方法を好むとの認識を示しました。しかし、「これは、二一世紀に再びデータ処理の条件が変化するにつれ、民主主義が衰退し、消滅さえするかもしれないことを意味している」というのです（ユヴァル・ノア・ハラリ『ホモ・デウス　テクノロジーとサピエンスの未来（下）』柴田裕之訳、河出書房新社）。「データの量と速度が増すとともに、選挙や政党や議会のような従来の制度は廃れるかもしれない。それらが非倫理的だからではなく、データを効率的に処理できないからだ」と。

れいわ新選組やN国党に代表される新興勢力の急激な伸長が、現在のデータ処理のあり方が本質的に誤っていることを示す化学反応であり、堀江が最終的に志向する未来図の通過点に当たるものであるとしたら、わたしたちは民主制の黄昏《たそがれ》に立ち会っているといえるのかもしれません。

第六章 ポスト安倍時代の「部族主義」

仮想戦争《コズミックウォー》は世界を白と黒、善と悪、私たちと彼らに分ける。そのような戦争には中立的立場はない。だれもが自分のつく側を選ばなければならない。軍人と民間人、戦闘員と非戦闘員、侵略者と野次馬など、これまでの実戦での見分け方は、仮想戦争《コズミックウォー》では通用しない。あなたはわれわれと同じでないならば、彼らと同じであるにちがいないという単純な方程式があるだけだ。もしあなたが彼らと同じであるならば、あなたは敵であり、したがって滅ぼさなければならない。（レザー・アスラン『仮想戦争　イスラーム・イスラエル・アメリカの原理主義』白須英子訳、藤原書店）

「生きづらさ」と失政を結び付ける

二〇一九年、スウェーデンの環境活動家グレタ・トゥーンベリというカリスマを起点とする、地球温暖化対策を求めるデモが世界中で巻き起こりました。ソーシャルメディアで火が点《つ》き、膨大な人々が結び付き、組織的に呪詛《じゅそ》を吐き出す。その怒りはネット上で山火事のように燃え広がったのです。これは富豪であったドナルド・トランプが、米大統領選で行った扇動的パフォーマンスによって、ネット上で過激な集団が現れたのと似ています。今やトランプ現象からグレタ現象に至るまで**「再部族化行為」**が、その不寛容ぶりを読み解く適切なキーワードといえるでしょう。

気候変動に懐疑的な米大統領ドナルド・トランプとグレタ・トゥーンベリは、互いに嫌い合っていることで知られていますが、その下でリーダーをそれぞれ担ぎ上げている人々を束ねる共通項こそ、インターネットと**「部族主義」**（トライバリズム）の最強コンボであり、第四章で引用したバートレットの「政治的にふたたび部族として結束する」新潮流でした。繰り返しになりますがその核心にあるのは「地位をめぐる闘争」なのです。

日本においては、この各種ソーシャルメディアによって際限なく増幅された「スーパー部族主義」とでも言うべきものが、安倍政権肯定派と安倍政権否定派といったザックリとした対立軸で展開されました。安倍政権を支持する人々は、アベノミクスや、「九条に自衛隊を明記する」とぶち上げた憲法改正、政権の最重要課題として無条件の首脳会談すら提案した北朝鮮による拉致《らち》問題、「私とプーチン大統領の手で問題を解決する」と豪語した北方領土問題等々を鵜呑みにし、その肝心の実績にはほとんど興味を示さず「反アベ」を掲げる人々を「パヨク」と罵倒するだけでした。そこにあったのはぼんやりとした安定志向、保守っぽさであり、「すごい日本、美しい国への回帰」でした。これこそやってる感政治の真骨頂といえるものでしたが、未曽有の長期停滞が支配する状況下で、支持者はできるだけ手短かに「誇り」を取り戻すことが急務であったのです。

一方、安倍政権を支持しない人々は、一連の公文書の改竄《かいざん》・隠蔽《いんぺい》といった報道ベースの事実に伴う怒りや反発を超えて、安倍政権が現在の日本を根底から腐敗させている諸悪の根源としての認識を強めていきました。安倍政権を少しでも擁護しようものなら、「ネトウヨ」の一味とされたのです。こうした左翼界隈《かいわい》に蔓延していた陰謀論は、その過大評価の極端な例といえます。違法薬物による大物芸能人の逮捕のタイミングが、野党の不正追及から注意を逸らすことを狙ったものだとか、自民党の衆院選での勝利は選挙システム会社とグルになった不正選挙の結果だとか、様々な風聞が飛び交いました。

このような被害妄想的な発想に陥ってしまいがちなのは、やってる感政治というプロパガンダに安らぎを見出す人々と同じく、自分たちが抱える「生きづらさの問題」と「社会の問題」を安易に結び付けてしまうからです。これは不全感や不幸感といった個人的なものを、いわばすべてが政治の瑕疵《かし》によってもたらされたものだと確信することに他なりません。

筆者がこの着想を得たのは、実はテロリズムに関する文献からでした。

安倍政権下で加速した分断と孤立

世界中で荒れ狂うイスラム過激派などのテロリズムを説明するために、宗教学者のマーク・ユルゲンスマイヤーや、レザー・アスランは、「帰属意識《アイデンティティ》をめぐる闘い」としての**「仮想《コズミック》戦争《ウォー》」**という概念を提唱しました（マーク・ユルゲンスマイヤー『グローバル時代の宗教とテロリズム』立山良司訳、明石書店／レザー・アスラン『仮想戦争　イスラーム・イスラエル・アメリカの原理主義』白須英子訳、藤原書店）。これまで敬虔《けいけん》なムスリムではなかった現代の若者たちが過激主義やテロ行為に走る根本要因にアイデンティティの危機があるというのです。地域社会に自らの野心を満たす居場所がなく、さりとて他に自尊心を救済する手段がない場合に、「別のアイデンティティ」を探すことは現実的な打開策になるというわけです。

アスランはそれを「社会的反抗の手段としての反動的帰属意識」「身近な居住地で感じる悲憤と地球規模の悲憤を意図的に関連づけることによって形成される帰属意識《アイデンティティ》」と呼びました(『仮想戦争　イスラーム・イスラエル・アメリカの原理主義』)。自分が不当な地位に置かれ、悲惨な境遇を味わっているのは、グローバルな金融資本と軍事力の総本山であるアメリカ帝国主義による世界支配のせいだと考え、過激派組織が用意した闘争の舞台で「想像上の聖戦」に参加する——それによって崇高なミッションを持つ新しい自分を発見するのです。ここで彼・彼女たちが獲得したのは、まさに「被害者としてのアイデンティティ」とでも言うべきものです。

このような被害者としてのアイデンティティは、わたしたちの日常に少しずつ浸透してきています。平成以降、特に安倍政権下で、自らを「新自由主義の被害者」であるとか、「戦後の憲法の被害者」であるとか、というふうに自己規定をする傾向が如実になっていきました。人種や世代、ジェンダー、サブカルチャー等々、膨大な種類のクラスターに細分化された人々が、ネット上で絶えず「生きづらさ」の真因について啓蒙され、「被害者としてのアイデンティティ」に目覚め、自分たちが帰属するグループを差別したり、茶化したりする他者を格好の敵に仕立てるのです。それはいわば「『いいね!』戦争」に促進された一億総

「部族主義」の時代と言っても過言ではありません。オンライン上では、いかなる極端な少数意見であっても賛同者が得られ、まるでオーソライズ（公認）されたかのように拡散されるため、嫌でもソーシャルメディアのタイムラインに飛び込んできます。この「不愉快な言説への接触」がさらなる被害者意識を作り出す発火点になり得ます。そうして、最終的にはまるで部族間対立のように自分たちが奉ずる信仰を冒涜《ぼうとく》したり、背いたりする他者を殲滅《せんめつ》する必要性が生じるのです。安倍政権をめぐる前述のバッシングの応酬は、その最も分かりやすい例といえるでしょう。「安倍晋三という巨悪をめぐる聖戦」というわけです。敵対勢力との戦いは、人生に閉塞感を抱えている人ほどそれが突破口に映ってしまうものです。ソーシャルメディアは「部族主義」の坩堝《るつぼ》であり、見本市であり、きらびやかで残酷な劇場であり、そこでは空っぽで不安定な自己をもてあますアイデンティティの危機が、被差別的境遇からの回復という大義名分によってたちまち補填されるのです。

　当然ながられいわ新選組、N国党という新興政党もこのメカニズムの影響下にあります。「政治勢力としてのコミュニティ」とは、言うまでもなく「部族主義」そのものだからです。そして、ここでは大きな懸念を表明しておく必要があります。社会的弱者への再分配に消極的であったり、国民に背を向けて既得権益を守り続けたりする日本社会の硬直性によって傷ついた人々による「政治的コミュニティ」は、「被害者としてのアイデンティティ」を政治活動の正当性とともに承認してくれる場として妖しい輝きを放ちます。これまでも家族や地域社会などのソーシャル・キャピタル（社会関係資本）の崩壊については口を酸っぱくして述べてきましたが、何もないところから自尊心の支えとなる関係性を構築し、かつ維持していくことは非常に困難だからです。この二党に限らず今後も「政治勢力としてのコミュニティ」が砂粒のようになった個人の受け皿となる可能性が高いといえます。これによる集団化の進展がどのような帰結をもたらすかは、最善のシナリオもあれば最悪のシナリオもあり得ます。とても両義的なのです。

二〇二〇年九月に安倍政権は終わりを迎え、菅義偉《すがよしひで》が新たに首相に選出されましたが、ポスト安倍政権下においても、この分断と孤立が巻き起こす**「アイデンティティ闘争」**は加速していくことでしょう。

たった一つの属性を選び出す過ち

では、わたしたちはどう向き合えばよいのでしょうか。

まず、自分自身のことを振り返ってみてください。「あなたは誰ですか？」と尋ねられたとき、自分の名前を名乗るのが普通ですが、二言目には往々にして社会的身分に言及しがちです。どこそこの会社員だとか学生だとか主婦だとか。しかし、仮にあなたが「寝具の販売員」だとして、それが果たしてアイデンティティなのでしょうか。もし「寝具の販売員」を辞めて「ヨガインストラクター」になったら、ヨガスタジオがあなたの帰属先になってしまうのでしょうか。現在では昼は寝具の販売員、夜はヨガインストラクターという人も珍しくはありません。そもそも職業自体にアイデンティティを求めることができる人は少数でしょうし、プライベートもそっちのけでその職業に身を捧げていないのであれば、職業という属性のみで自分自身が判断されるのには違和感があるのではないでしょうか。肩書きがその人間の本質を指し示しているとは言い難いことはもちろんのこと、数多の属性を併せ持つ多面的で常に変化し続ける人間というものを、たった一つのアイデンティティに落とし込むのは無理があるからです。オンライン人格ですら「サブ垢」「裏垢」（ソーシャルメディアの正規アカウントとは別に持つアカウントのこと）といった形で複数化させている昨今の若者たちにとっては大いに納得のいく話ではないでしょうか。

　思想・信条から人物を見極める方法もありますが、食べ物の好き嫌い、生活習慣から性自認、宗教観などといった抽象的な問題に至るまで何千何百もの設問がある詳細なアンケート調査の結果を想像してみてください。例えば「コーヒー派」と「紅茶派」というふうな分け方があるとして、それによってその人間の本質が明らかになると断言することは、前述の肩書きと同じく相当馬鹿げています（そもそもここでは「ジュース派」や「ミルク派」という派閥を排除しているだけでなく、カフェイン派とカフェインフリー派という別の重要な枠組みを無視しています）。「コーヒー派だと知って幻滅した」「紅茶派のやつはろくでもない」と耳にしたら冗談にしか思えないでしょう。

　しかし政治的な争点のようなセンシティブな話題になった途端、以上のような価値判断が不思議とまかり通ってしまうのです。右のようなアンケート調査を実施すれば、わたしたちが普段接している家族や友人ですら個々の設問で価値観に大きな違いがあるはずです。けれども、たった一つの意見、たった一つの属性を選び出して、「それこそが彼・彼女だ」「それこそが自分だ」と実体視し、好戦的なスタンスで臨めば、いかなる関係性もたちまち破綻するでしょう。経済学者のアマルティア・センが言っているように、「単一的な基準による分類法に圧倒的な力があることを暗に認めれば、世界中が火薬庫になる可能性がある」（アマルティア・セン『アイデンティティと暴力　運命は幻想である』大門毅監訳・東郷えりか訳、勁草書房）のです。

要するに、人々をどの部族に属しているかといった色眼鏡で判断することがまさにこの「単一的な基準による分類法」に相当します。日本人にありがちな新興宗教の信者に対する扱いが典型です。どこそこの信者だと分かった途端に、他の部族、つまりエイリアンであるかのような目付きをします。おかしなことにわたしたちは、自分自身が一部分のみで評価されることを極度に恐れているにもかかわらず、他人を評価するときは一部分だけを見て断定することを平気でしているのです。つまり、ソーシャルメディアにおけるカテゴリー分け自体が、生身の人間が持つ多元性を捨象《しゃしょう》した、ありもしない虚構であることに気付くべきでしょう。

繰り返しになりますが、現代はアイデンティティの危機が常態化しています。

自尊心のよすがとなる人間関係を地道に作っていくしか、その衝撃を緩和する方法はありません。いわばドクターショッピングのような要領で、様々なネットワークやコミュニティとの出会いを厭《いと》わず、自分らしく生きられる関係性を追求することを諦めないことです。一生付き合わざるを得ない〝業〟のようなものといえます。

サンダース現象における社会運動との連続性

しかしながら、先の「政治勢力としてのコミュニティ」が好例ですが、不安定なアイデンティティに苦悩する人々は、アイデンティティを確固たるものに統合してくれそうな帰属先を希求します。多少の排他性はあるにしても、「自分が何者なのか」を気付かせてくれるコミュニティ、その先頭に立って旗振りをしているカリスマ的な存在に、特別な感情を抱いた人々が吸い寄せられていきます。マックス・ヴェーバーは、『カリスマ』に対する帰依とは、とりもなおさずその個人が、内面的な意味で人々の指導者たる『天職を与えられている』と考えられ、人々が習俗や法規によってではなく、指導者個人に対する信仰ゆえに、これに服従するという意味である」と述べています。つまり、「帰依の対象は、彼の人柄（ペルゾーン）であり、その人の資質に向けられている」のです（マックス・ヴェーバー『職業としての政治』脇圭平訳、岩波文庫）。こうして現代におけるカリスマは、「部族主義」という台風の目でもあるとされ、いわゆる**「部族の長」**としての役目を担わせられるようになります。

そして、対立する部族が互いに部族の長の粗探しに精を出し、相手の部族の長がいかに信用できない人物か、といったスキャンダル合戦によって、他の「部族」の名誉を傷つけようと躍起になるのです。都知事選におけるれいわ新選組公認の山本太郎と弁護士で元日本弁護士連合会会長の宇都宮健児の支持者の一部が、ネット上で罵り合って〝内ゲバ〟のような様相を呈したのがまだ記憶に新しいですが、これは裏を返せば、結局のところ〝リーダー頼み〟〝カリスマありき〟であることを露呈させるものであり、「政治勢力としてのコミュニティ」というものが一時の熱に煽《あお》られた脆《もろ》いものであることを裏付けています。支持者にとってそのコミュニティが心地よい居場所になることで、自分たちの居場所を守ること——「自部族の地位確保」——が最優先事項となってしまい、社会全体にとって何が重要かという思考を阻害してしまうからです。これは、れいわ新選組にも当てはまる側面があり、立花のトリッキーな存在感が牽引《けんいん》するＮ国党も例外ではありません。

　米国のサンダース現象について哲学者のマイケル・ハートが語った考察が非常に重要になります。ハートは、「サンダース現象について重要なのはウォール街オキュパイ（占拠）運動との連続性」だと述べました。要は、２０１６年の大統領予備選の「サンダース旋風」は、サンダース本人がカリスマ的な政治家だから起きたブームではないというのです。オキュパイ運動を支えた人々の熱意がまだ残っていたからこそ、その熱意を代弁してくれるサンダースを引き上げたと主張します。「だから、ある意味で、サンダースという政治家の存在や彼の選挙活動は、それに先行した社会運動の声を表現するための手段だったと言える」と。

私の提唱するリーダー像が、これからも継承されていくかどうかは、サンダース個人の資質とは、あまり関係がありません。サンダースが政権を取れなくても、こうしたリーダーを継続して輩出できるかどうかは、社会運動の力量のほうにかかっているのです。自分たちの声を届ける役割をサンダースという政治家に、一時的に託しているだけなのですから、重要なのは社会運動のほうなのです。（マルクス・ガブリエル／マイケル・ハート／ポール・メイソン／斎藤幸平編『資本主義の終わりか、人間の終焉か？ 未来への大分岐』集英社新書）

「彼がやっていることは種を蒔くこと」

日本国内の言論状況において、政治家よりも社会運動が重要とする提起を目にすることは稀です。

なぜなら、政治といえば、選挙政治のことを想起するだけでなく、前章で記述したように、「選挙結果によって、首長が変わることによって社会のすべてが変わるかのようなマジカルな思考」「選挙によって、政治家主導によって、社会変革が成し遂げられるという一種のファンタジー」が常識になっているからです。経済思想家の斎藤幸平《さいとうこうへい》は、ハートの発言を踏まえて日本のリベラル派の行き詰まりを説明したうえで、「本来なら、カリスマ的なリーダー探しをするのではなく、現実の社会問題に地道に取り組む社会運動をいかに政治的な勢力に変容させるかを模索すべきだし、そうして生まれた政治的な勢力が、運動とのつながりを断ち切らないようにするにはどうしたらよいか、を考えるべき」などと述べました（同前）。

仮に、れいわ新選組に代表される潮流がハートのいうような社会運動として展開することを目指すのであれば、山本が政治の舞台から降りた後も着実に命脈を保っていく必要があります。そして、れいわ新選組という運動体が生き残るためには、恐らくこれ以外に道はないようにも思われます。このことを山本は実は十分理解していたからこそ、重度障がい者の二人を特定枠に入れたのではないでしょうか。山本は自らの人気を巧みに利用しつつ、従来のリーダー任せの悪しき政治ではなく、一人ひとりが当事者として政治活動に乗り出せる、つまり第二第三の山本を次々と発掘しては、国政の場に送り込む機会こそ重視したのです。しかも、それがポピュリズムの利用法として、非常に秀逸であったことは言うまでもありません。この山本の精神に誰が共鳴し、触発され、誰が受け継いでゆくのか。それこそがれいわ新選組の目先の躍進などよりも、山本が遠い未来を見据えて考えていることではないでしょうか。

社会学者の宮台《みやだい》真司《しんじ》は、山本の政治的な活動に「短中期的に実りはない」と予想しつつ、「彼がやっているのは種を蒔くこと。一部の人に気づきを与える。だから賛同します」と述べました。

> 短中期的に社会が良くなろうが悪くなろうが重要ではない。子々孫々の代に良き社会が持続するかが重要です。それには人々のメンタリティや世界観が変わる必要がある。個人の損得を越え、正しさや愛にコミットする構えにならなければなりません。（ele-king編集部編『ele-king臨時増刊号　山本太郎から見える日本』（Pヴァイン）所収、宮台真司「社会がつまらないんじゃない、お前がつまらないんだ！」）

宮台は、「それには気づきが必要です。でも気づきは放っておいても生じない。気づきを与える人が必要です」と主張し、それが山本のような人物であったりするのだと明言しました。

このようなある種の世代を超越した賭けは、評論家で形而上学的思弁小説『死霊《しれい》』の作者である埴谷《はにや》雄高《ゆたか》の「精神のリレー」に近いものといえます。埴谷は、自身のライフワークである『死霊』を今生《こんじょう》で完結するとはまったく思っておらず、「３００年後だか知らないが、前にこんなやつがいた、と。おれも同じことをやってみようと思うやつが出ないとも限らない。だから僕から３００年後に僕を発見したヤツはもっと僕より新しい所から出発できるわけですよ」というスタンスでした（埴谷雄高／ＮＨＫ人物録／ＮＨＫアーカイブス）。筆者はこの事実を初めて知ったとき、雷に打たれたような衝撃を受けました。しかし、これは埴谷が透徹《とうてつ》したリアリストであるがゆえの結果です。

グローバルな環境運動から地方政治に至るまで、この厳然たる事実はまったく変わらないのです。わたしたちが社会のメンバーとして責任を持ち、その行為の帰結というものを自覚したうえで、少しでも良いものにしようと果敢に試みること。そのような営みがない限りは社会という枠組みそのものが早晩溶解するだけでしょう。その凶兆のような前触れについては本書内で縷々《るる》述べてきた通りです。一億総部族主義の時代には、良い意味で境界を壊す人々が必要とされています。ソーシャルメディアに代表されるネット空間を「分断の装置」ではなく「統合の装置」として手なずけることのできる知恵を体得し、「部族主義」を超える刺激的な生き方の模範を示していくしかありません。「わたしたちは、誰のために、何を守るのか」――このことをまず明確にしなければ、どのみち訳の分からぬポピュリストやインフルエンサーなどの声に気圧《けお》され、自己を振り返る契機を欠いたまま他者を食い物にするようになるだけでしょう。そして、注目されることを至上の価値とするアテンション・エコノミー（関心経済）の奴隷に成り下がってしまうのです。この大転換の時代において自らが被った不可逆の変化について時間をかけて検証することを厭わず、良い人生とは、良い社会とはどのようなものなのかについて思考し続けることを諦めてはならないのです。

おわりに——エイリアンたちとの共生は可能か

民俗学者の柳田國男《やなぎたくにお》は、ある対談の席で非常に興味深いことを語っています。

村半分がインテリで、半分が無学の人であれば、その村の人々はインテリが引っ張ってゆくが、そうでない場合はインテリではない者が引っ張ってゆくというようなことを述べ、今までの世の中を動かしてきたのは、書き言葉によるインテリ的なものではなく、話し言葉、つまり記憶力が良く、相手の弱点を素早く見抜き、矢継ぎ早に理屈を繰り出すような、弁の立つ「無識の者」だったと言うのです（宮田登編『柳田國男対談集』ちくま学芸文庫所収、「日本歴史閑談（家永三郎）」）。

このような柳田のフィールドワークに裏打ちされた知見を踏まえ、社会学者の鶴見和子《つるみかずこ》は、

「これまでも、これからも、知識人よりは、原始・未開の人々が社会変動の担い手になってゆくのだという、柳田の確信である」と主張します（鶴見和子『漂泊と定住と　柳田国男の社会変動論』ちくま学芸文庫）。鶴見のいう「知識人」は書き言葉を中心として生活する人々、「原始・未開」は話し言葉を中心として生活する人々のことを意味しています。これはなかなかすごいことを言っています。日本の政治文化の古層にあるダイナミズムを適切に批評した卓見《たっけん》のように思えます。

　れいわ新選組の山本も、N国党の立花も、本書中で度々言及してきた通りいわゆるインテリではありません。そして、まさしく書き言葉ではなく、話し言葉によって、話し言葉をインターネット上の動画、あるいはソーシャルメディアに乗せることによって、短期間で驚異的な動員をもたらしました。これは柳田＝鶴見の抱いていた実感と符合する現象といえます。「『いいね！』戦争」の時代とは、直接わたしたちの意識に語りかけることができる「原始・未開」のコミュニケーションが促進される時代でもあるからです。世界的なＹｏｕＴｕｂｅｒの興隆を見ても、二〇一〇年代以降、この傾向はますます強固なものになるといえるでしょう。

　また、山本も立花も独特の存在感が少なくない人々を圧倒し、その下に数え切れないほどのミームを生み出している点で共通しています。

「空気を読まない」山本の魂を受け継いだ者たちが、社会問題について街頭で呼び掛けを行い、ライブ配信などをする光景を頻繁に見掛けるようになりました。老若男女問いません。他方、立花のヒールぶりと「炎上商法」に魅せられた者たちは、その歯に衣着せぬ言動や売られたケンカは買うスタイル、そしてそれらをすべてハプニング動画として収益化することを見習い始めています。二〇二〇年夏の東京都知事選がＹｏｕＴｕｂｅｒの宣伝の場と化したのは、立花の影響に負うところが非常に大きいといえる面があります。

さて、その都知事選の結果はといえば、山本は宇都宮健児を下回る三位と惨敗しましたが、得票数は約六五万票と健闘しました。立花は約四万票と前回の都知事選（二〇一六年）よりも微増しています。投票率は五五・〇〇%と前回に比べて四・七三ポイント下回ったものの、現職の小池の得票数は歴代二位となる約三六六万票に達しました。明らかに何十万もの浮動票が上積みされた格好です。コロナ禍でテレビを通じたやってる感アピールを見事成功させ、パニック寸前だった都民はマスメディアが持ち上げた「強い女」の続投を求めたのです。

こうした結果もよくよく考えてみれば、「原始・未開」のコミュニケーションの有効性を熟知した広報戦略によるものです。ポスト安倍政治の後継者である菅政権にもまったく同様の傾向がみられます。どちらも国民の側にある「何かが決定的に変化すること」への過剰な恐れに依存しています。けれども、前出の**定義2**のポピュリズムである「れいわ旋風」的なもの、Ｎ国的なルサンチマンを押し上げる力が決して弱まったわけではありません。もし、菅政権がＮＨＫ改革を小泉政権の郵政民営化のように掲げた場合、異様なほど高支持を集めるポピュリズム政権となることが容易に想像できます。その証拠というわけではありませんが、政権発足直後に行政改革担当大臣に就任した河野太郎が、無駄な規制などの撤廃を掲げて「行政改革目安箱（縦割り１１０番）」を設置し、（前例主義、既得権益に凝り固まった行政官僚を敵対勢力に見立てた）**定義2**のポピュリズムをチラつかせただけで人気が急上昇しました。一時的な現象に過ぎないと捉えて軽視していると、いとも簡単に足を掬《すく》われてしまうことでしょう。

　わたしたちの社会がエイリアンだらけの荒野と化しているのは、いわば当事者性の不在ゆえのことです。「国や自治体がやってくれる」「会社がやってくれる」「誰かがやってくれる」……ｅｔｃ．わたしたちがどこかしら社会に対して居心地の悪さを感じているのは、いつも何が起こっても観客的な立ち位置に安んじがちで社会の内部のメンバーとしての自覚が乏しいからであり、しかも社会が自然環境のようなものだと思い込み、人為的に創作されたものだということを忘れているからです。例えば、銭湯や八百屋や飲み屋といった個人商店が潰れ、地域における交流の場が途絶えた際、それが不便だということは話題にはなりますが、同程度の機能を持つ何かを作り出そうとすることはほとんどありません。どこかでそれが「自然」＝放っておいても生えてくるものだと思っているからでしょう。一事が万事その調子で、社会に主体的に関わることを丸投げしてきたのです。

すでにわたしたちの大半はそのような意味において、見た目を問わず本質的には部外者のふりをした弱者になりつつあります。人間関係が希薄になり、連帯のきっかけが失われ、「ご近所」という身近な社会についての思考も退潮しています。けれども、わたしたち一人ひとりが、自分を自分たらしめている関係性やホームグラウンドを、少しずつ組み立てたりメンテナンスしていくだけでも事情は変わり始めるでしょう。これは、わたしたちが取り得るべき最良の選択の一つでもあります。なぜなら、守るべき親密なコミュニティがなければ、エンパワーメント（湧活）される機会に恵まれず、政治参加への動機付けが早晩枯渇するからです。

数年前、筆者はある団地コミュニティを取材しました。

そこでは小規模多機能ホーム（デイサービス、訪問、泊まりの三種類を組み合わせ、利用者が自宅で自立して生活ができるよう支援する介護サービス）の経営者が、スタッフらとともに地域の拠点作りに励んでいました。その心意気に共鳴した医療職や介護関係者だけでなく、高齢者や大学生、シングルマザーなどが次々と団地に引っ越しし、自治会活動に多くの若い世代が積極的に参加することで、新しい共同体の形が生まれ始めていました。経営者は、「そこで生まれて死ぬことができるコミュニティ」が理想だと言い、日々の困り事を住人たちの手で解決していくことの延長線上に、電力などのインフラを太陽光発電によってまかなうことまでが青写真に含まれていました。これは非常に自立性の高いコミュニティといえます。つまり、自分たちの生活の独立性を高める共助のネットワーク、経済圏のようなものを作り出すような方向性です。

これを格差社会が進み、政府の役割が縮小する将来への警告として読み替えると、セーフティネットが機能不全に陥ることを想定しながら、被害を最小限に抑えるために防衛的に自治を行っておく、というオルタナティブな対抗手段といえるでしょう。何も大掛かりなことをやる必要はまったくなく、菅政権が唱道する「自助・共助・公助、そして絆」という社会像の裏にある、社会保障や福祉のスリム化を予感させる事態に備え、生活の面だけでなく政治の面でも共闘できる仲間を持つことが重要なのです。ソーシャルメディアの発信力が強まり、数多の社会問題が可視化されるようになったとはいえ、個人でできることには限界があるからです。

いずれにしても、どんなに小さな共同性やコミュニティも物理的に近しい他者に関心を持ち続けられるかどうかにかかっています。そこから、より生きやすくなるためには何が必要か、政治に何を求めるべきかといった具体的なプラン、誰と協力し、誰とつながるべきかといった連帯への手掛かりがおのずと見付かるでしょう。絶望するにはあまりにも早過ぎるのです。

なぜなら、わたしたちはまだ民主主義という政治体制の一合目にいるのですから。

謝辞

本書は、東洋経済新報社の「東洋経済オンライン」、講談社の「現代ビジネス」に寄稿した記事を大幅に加筆・修正したものです。この場をお借りして、担当編集を務めていただいた東洋経済オンライン編集部長の武政秀明氏、現代ビジネス編集部（現・週刊現代編集部）の臼杵明裕氏に改めて感謝の意を表します。

また、本書の企画をご提案くださり、最後まで辛抱強くお付き合いいただいた光文社新書編集部副編集長の田頭晃氏に心より感謝申し上げます。

真鍋厚（まなべあつし）

1979年、奈良県天理市生まれ。大阪芸術大学大学院芸術制作研究科修士課程修了。出版社に勤める傍ら評論活動を展開。専門分野はコミュニティ、暴力、宗教、サブカルチャーなど多岐にわたる。著書に『テロリスト・ワールド』（現代書館）、『不寛容という不安』（彩流社）がある。その他、各種ニュースサイトで連載を執筆中。

山本太郎《やまもとたろう》とN国党《こくとう》 SNSが変《か》える民主主義《みんしゅしゅぎ》

2020年11月30日初版1刷発行

著　者 ── 真鍋厚
発行者 ── 田邉浩司
装　幀 ── アラン・チャン
印刷所 ── 萩原印刷
製本所 ── 国宝社
発行所 ── 株式会社光文社
東京都文京区音羽1-16-6(〒112-8011)
https://www.kobunsha.com/
電　話 ── 編集部03(5395)8289　書籍販売部03(5395)8116
業務部03(5395)8125
メール ── sinsyo@kobunsha.com

 ISBN 978-4-334-04508-1

1097
20年で元本３００倍 お金が集まる5つの原則
秋山哲

誰でも資産が増える投資商品とは？　優良な投資先に共通する3つの特徴とは？　元本３００倍の個人投資家が「投資」を中心に、お金の不安を解消する5つのルールを伝授する！

978-4-334-04504-3

1098
下町はなぜ人を惹きつけるのか？ 「懐かしさ」の正体
三浦展

明治維新の30年後に「ふるさと」が注目され、敗戦の30年後に「下町」が発見された。工場の煙が立ち上る近代の象徴だった下町がノスタルジーの対象となるまでの実像を綴る。

978-4-334-04505-0

1099
山本太郎とN国党 ＳＮＳが変える民主主義
真鍋厚

彼らは本当に「ポピュリスト」と切り捨てていい存在なのか。この時代に彼らが国会で議席を得たのは偶然か。ＳＮＳ全盛時代の民主主義のあり方を問う、新しい切り口の政治論。

978-4-334-04508-1

1100
「宇宙の音楽」を聴く 指揮者の思考法
伊藤玲阿奈

時代の変化にどう柔軟に対応するか？　二〇歳を過ぎて音楽家への道を選び、ニューヨークで戦ってきた指揮者が綴る、成功と失敗の概念を超える「しなやかな思考」のつくりかた。

978-4-334-04506-7

1101
Z世代 若者はなぜインスタ・ＴｉｋＴｏｋにハマるのか？
原田曜平

「Z世代」は「ゆとり世代」と何が違うのか？　世代人口が少ないにもかかわらず、彼らの発信力・拡散力はなぜ巨大なのか？「スマホ第一世代」を若者研究の第一人者が徹底分析。

978-4-334-04507-4